U0111731

大展好書　好書大展
品嘗好書　冠群可期

大展好書　好書大展

品嘗好書　冠群可期

少林功夫⑨

少林正宗七十二藝

德 虔 素 法 編著
勤 炎 勤 龍

大展出版社有限公司

前　言

>>

在武術中，功夫與拳術是有區別的。大體來說，拳術表現的是身姿靈活，技巧嫻熟，而功夫反應的則是力量雄厚，底氣十足，所以武諺有「打拳不練功，到老一場空」之說。少林七十二藝即少林功夫的總稱，是歷代少林武僧在長期演武實踐中的結晶，它包含了少林內功和外功的內容，共計七十二種，常被武林中人稱爲「絕技」。

本書收錄的內容是根據永祥和尚和貞秋大師在石友山火燒少林寺前抄錄的少林寺正宗七十二藝練法整理編寫而成的，在編寫過程中儘量保持了原作的風格，對其中過分玄虛及封建迷信和某些費解不詳之處做了刪節和解釋，每種功夫的具體練法不僅有詳細說明，而且還配有範圍，利於讀者自學。

在本書編寫過程中，少林寺現方丈德禪大師和首座僧素喜和尚給予了指導，他們稱此書內容爲「少林正宗七十二藝」，在此表示感謝。

　　由於編寫時間短，書中考證不詳或錯誤之處難免，懇請同道和武林高師、讀者批評指正。

　　　　　　　　　　　　　　　編　者
　　　　　　　　　　於嵩山少林寺

目　錄

▶▶▶▶▶▶▶▶▶▶▶▶▶▶▶▶▶▶▶▶▶▶▶▶▶▶▶▶▶▶▶▶

7

少林正宗七十二藝

10

第一章

少林七十二藝入門基礎

第一節　少林七十二藝概述

一、少林七十二藝源流

據《少林拳譜》記載，少林寺原有三十六硬功、三十六柔功，又稱三十六外功、三十六內功，均在少林門中秘傳，並無詳細文字記載。現在所說的「少林七十二藝」通常被認為是少林功夫的總稱，常在傳說和近代的武俠小說中被稱作「神功」，使其在神秘的面紗背後難現「廬山真面目」。

直到清末民初，由於時局動亂，加之一些仁人志士倡導，曾在全國範圍內掀起過一場武術熱，湧現出了一批武林英傑，少林武術及其威名也在這一時期得到了廣泛傳播。其間對少林武術產生了兩種影響：

其一是，人們爭相師法少林，使得一些好名圖利之徒紛紛附會少林，造成真偽難辨、魚龍混雜的局面；

其二是，這一形勢鼓舞了少林門武師的習武熱情，它們

11

不僅積極傳授本門武藝，而且博采眾家之長，融會貫通，革新提高，使少林武術形成了一股大融合、大發展的潮流，使流行的少林武術更加豐富，從數量上和內容上都遠遠超過了少林寺內演練的內容。

與此同時，一些武術家，甚至有些文人出於繼承和發展中華武術，倡導和推動人們習武強身，以武功報效國家的願望，紛紛著書立說，並付梓出版，形成了歷史上出版武術書籍，挖掘整理傳統武術的一個高潮，而這個高潮的主流就是少林武術。

這一現象對少林武術產生了巨大的影響：一方面大大加強了少林武術的研究和傳播力量，湧現出了一批像唐豪、徐哲東等有成就的武術考證家、理論家；另一方面也有一些人不顧歷史事實，牽強附會或張冠李戴，借少林之名出版了一批偽書，也有一些書的作者署有法名，而他們的法名卻與少林寺流傳的輩譜不符。

據記載，少林寺在元代以前曾有五大宗派，元初有個叫福裕的少林寺和尚統一了五大宗派，創立了少林寺雪庭曹洞之宗，並撰寫了子孫輩訣，此後歷代少林寺和尚均照此取名。這個譜訣共70字，內容是：

> 福慧智子覺，了本圓可悟，
> 周洪普廣宗，道慶同玄祖，
> 清靜眞如海，湛寂淳貞素，
> 德行永延恆，妙體常堅固，
> 心郎照幽深，性明鑒崇祚，
> 忠正善禧祥，謹慤願濟度，
> 雪庭為導師，引汝歸銘路。

　　這一譜訣的確立和延續，標誌少林寺從此形成了一個子孫相承的禪院。所以，清代至民國年間先後出現的少林武術書籍，以和尚法名署名的比較易於辨其真偽，而其中確有不少值得懷疑的，這對少林正宗武術的傳播產生了很大影響，不能不說是遺憾的事情。

　　關於少林寺，在元代後常住院（和尚居住的地方）分成了東、西、南、北4個院，各院宗師自掌門戶，特別在武功方面各自收徒，秘傳單傳，彼此保密，造成了即使同是少林寺和尚，師傅不同，所學到的功夫也有差別的局面，這種現象一直流傳到今天。

　　「少林七十二藝」就是在上面所談的背景下出現的。那是在1934年，有個叫金警鐘的先生到少林寺訪問，與當時的少林寺方丈，遠近聞名的武術高手妙興大和尚切磋武藝，取其精華，並根據少林寺舊有三十六硬功和三十六柔功之說，以及自己的武功底子，編著了《少林七十二藝》一書，從此有了「少林七十二藝」之說。但是它畢竟大部分取材於妙興和尚，而妙興和尚僅為少林寺西院武功的代表，所以，很難全部代表少林寺武功。

　　繼金先生之後，南院的貞俊、貞緒等和尚也編著了《少林七十二藝》，俟後的永祥和尚亦編寫了《少林七十二藝》，但在內容上各有特點。

　　永祥和尚為現代人，是西院子孫，他在繼承金先生「七十二藝」基礎上，吸收了南院之長，將原書做了增刪，補充和具體了各種功夫的練法，增加了詳細的範圖，語言也較為通俗，可以說他很好地總結了少林內外功，堪稱「少林正宗七十二藝」。

二、少林七十二藝內容

少林和尚們練的「七十二藝」，除大部分與妙興所談，金警鐘先生所著的「七十二藝」相同之外，不同的有銅沙掌、腿踢功、蛇行功、鐵珠帶、石樁功、旋風掌、金龍手、斬魔劍功、玄空拳、金沙掌、五毒追殺掌、金鏟指功、跑板功、金刀換掌功、閃戰功、千層紙功、追風掌功和輕懸功等。另外與南院「七十二藝」不同者還有心意把、鐵身靠、千斤腳、流星腿、倒掛金玉瓶、後彈功、丈外制人、深夜降妖等。

少林寺眾僧所練的「七十二藝」雖不完全相同，但其功夫的數量均為 72 種，後面分別介紹。

14

三、少林七十二藝特點

少林寺四個院所練的七十二藝在功種方面雖然有不同之處，但都具有以下相同的特點。

1.由淺入深，循序漸進

寺僧練的七十二藝功夫，都是根據師父的訓教，由淺入深，先練簡易功夫，如千斤腳、流星腿、腿踢功、打木人、鐵沙掌等。在有一定基礎之後，再練硬功和輕功，如縱身上房、金針指、一指禪、鐵頭功、輕身術、金剛拳、鐵布衫等。

在練每一種功夫時總是先得寸後進尺，循序漸進，直到功成。如練鐵門功，先練運氣，掌砍軟物、土塊，再練砍磚、木板，乃至砍石塊，到能把石塊砍碎時，方為功成。

2.從實戰出發，突出硬字

在演練任何一種功夫時，只要一入場地，對把位同對敵，依法施招，用最大力量劈、砍、鑽、打。先師云：

> 腳踏練武場，如同面對狼。
>
> 依法施招勢，用盡全身力。
>
> 練就全身勁，汗湧血珠滴。

3.持之以恆，百折不回

歷代武教頭訓教授藝時，總是先給徒弟們立有練功戒約，無論練哪一種功夫，必須有吃大苦之衡心。天再熱，不怕流汗；天再冷，不怕凍掉腳趾。小病不停，帶病練功，風雨無阻，天天如一，年年如一，幾十年如一日，不能半途而廢，直至成功。

四、少林七十二藝練法與要求

少林正宗七十二藝有軟硬內外之分，個中又分若干種類，種類不同，練法也各異。所謂「功夫」，只可意會而不可言傳，學習時應精心領悟。若練功者欲功成，挾此技以凌人，會引起荒惰之惡習，技不能成，就是成功也足以招滅亡之禍。

正宗七十二藝各種功夫，雖不能各個都試習，但只要持之以恆，刻苦練習，依法逐漸行之，定可成功。

少林寺武僧寂勤大師曰：

> 七十二藝軟硬通，老年中少都適宜。
>
> 少年可把軟功練，中青可學氣硬功。
>
> 老年更可養氣練，四段功法延壽命。
>
> 嵩山傳下全功法，各種功法練持恆。

少林高僧氣功大師貞俊曰：

> 七十二藝是真功，苦修苦練數十冬。
> 功成之後莫輕使，持技欺人忘德行。
> 處處循規聽師訓，提線才能啓靈明。

五、少林七十二藝法則

少林正宗七十二藝功法，著重強健體魄，堅實筋骨，抵抗外辱，祛除內邪，防禦侵害。必須認真從事練習，不可心急，漸可成功。

練功法有「五要」：一要深沉穩重，二要腳踏實地，三要精意適當，四要節制情慾，五要珍惜名譽。

練功法還有「十忌」：一忌荒惰，二忌矜誇，三忌躁急，四忌太過（不適量的意思），五忌酒色，六忌狂妄，七忌訟棍（言人之短），八忌假正，九忌輕師，十忌欺小。練功有「十傷」：一近色傷精，二暴怒傷氣，三思慮傷神，四善憂傷心，五好酒傷血，六懶惰傷筋，七躁急傷骨，八吸煙傷肺，九食辛辣傷胃，十水喝多傷脾。

知此「五要」、「十忌」、「十傷」，方可練習功夫。

練功之法可分為數期。最早一步，一練皮肉，二練筋骨；皮肉筋骨既堅實，更要進一步，練習各部實力；實力既充，再漸進而練運氣。此法如能任意往來，則功法大成，無論練習何功，必定可以速見成效。

少林湛舉法師曰：

> 練功法則要謹遵，五要十忌要認真。
> 更有十傷莫須忘，功法定成藝超群。

第二節　少林七十二藝基本功練法

一、六字椿功

1.六字功

何為「六字」？即是：呵、噓、呼、呬、吹、嘻六字。每日子午前，靜坐叩齒咽津，念此六字，可以去五臟之病而強壯內膜。惟宜輕念，耳不聞聲，又須一氣之下，效應如神。

天字行功應時訣：

> 青噓明目木扶肝，夏日呵心火自閒。
>
> 呵呬定收金潤肺，冬吹水旺切宮安。
>
> 三焦長宮嘻除熱，四季呼脾上化餐。
>
> 切忌出聲聞兩耳，其功直勝保神丹。

少林高僧淳念法師曰：

> 六字秘訣為養生，延年益壽除百病。
>
> 每天按時不間斷，練到終久妙法生。

2.心　功

行功時先冥心息思，靜氣凝神，絕情慾，以保守元神，又名養神法。

二、首面耳鼻目口功

1.首　功

兩手掩兩耳門，即以第二指上彈耳根骨作響，可治風池邪氣；兩手扭頸左右反顧，肩膊隨轉，兩手相交抱頭，兩手

互摩頭部。

2.面　功

用兩手掌摩擦極熱後，摩擦面部，各處皆要摩到，如揩汗狀；再用唾沫入掌心，向面上擦摩；兩手再向外推，向下滑摩臉面部各 9 次，上推額 9 次。

3.耳　功

以兩手按兩耳輪，一上一下摩擦；平坐，一足伸一足屈，兩臂橫舉，直豎兩掌，再向前若推門狀，扭頸左右顧各 7 次；兩食指插耳門向外各撥 9 次，又名「聰耳功」。

4.目　功

每睡醒先不睜眼，用兩大拇指背相合，擦熱揩目 14 次；眼仍緊閉，左右輪轉眼球各 7 次；緊閉少時，忽大睜開，兩手大指背曲骨重按兩攢竹穴 36 遍；再以手摩，兩目觀上及旋轉耳根穴 36 遍；又以手逆撐額部，從兩眉心處眉心穴的腦際推摩 36 遍，仍須咽津無數。

跪或坐兩手按地，回頭用力後視左右各 7 次，此謂「虎視」；再用兩拇指外根向外擦眼 36 遍，用兩中指下滑內眼角 36 遍。此功又叫「明目法」。

5.鼻　功

兩手大拇背擦熱，揩鼻兩側各 36 次；兩食指下擦迎香穴各 36 次。

6.口　功

凡行口功宜緊閉其口。口中焦乾，口苦澀咽下無津，或吞津喉痛，不能進食，乃熱症，宜張大口，呵氣十數次，鳴天鼓 9 次，再以舌攪口內津液，復呵復咽，俟口中清水生，即可退熱，又名「鳴天鼓」；用舌抵腭滑齒，即生津液，可

解口渴。口不乾而無疾，無疾即功夫長進，強身堅骨，有益長壽。

三、舌齒身功

1.舌　功

以舌抵上腭，則津液自生，嗽而咽之。多咽津液助消化水穀，可增食壯體，體壯則功法神速。

2.齒　功

叩齒 36 通，可以集元神；小便時宜緊咬其齒。元神聚而精神百倍，神光足滿，可健體延壽。

3.身　功

盤膝坐時，以一足跟抵腎囊根下，使精氣無漏，垂足平生，但不可抵腎子，也不可著抵於空處。行功畢，起身宜緩，手足不可急速猛動。坐宜平直，其身豎起脊樑，不可東倚西靠。走時宜挺胸昂首，不要弓腰低頭。臥時爽身，不可屈頸勾頭。

四、內外功夫秘訣

1.內外功二十要

面要常擦，目要常揩，耳要常彈，齒要常扣，背要常暖，胸要常護，腹要常摩，足要常搓，津要常咽，腰要常揉，膝要常抓，肘要常搖，肩要常捏，腕踝要旋，陰要常捧，肋要常擊，背要常捶，頭要常推，胯要常點，股要常揩。

2.內外功十六忌

忌早起磕頭，忌陰室貪涼，忌濕地久坐，忌涼著汗衣，

忌熱著曬衣，忌汗出扇風，忌燈燭照睡，忌子時房事，忌涼水著肌，忌熱水灼膚，忌房後飲冷，忌酒昏練功，忌身弱貪練，忌剛猛急躁，忌精神分散，忌中途停輟。

3.內外功二十傷

久視傷精，久聽傷神，久臥傷氣，久坐傷脈，久立傷骨，久行傷筋，暴怒傷肝，思慮傷脾，過悲傷脈，過飽傷胃，多恐傷腎，多笑傷脾，多言傷液，多唾傷津，多汗傷陽，多淚傷血，多交傷髓，多惱傷心，多悶傷腦，多勞傷力。

五、懸金錢

懸金錢主要練耳目的聽視之力，是提防敵人偷襲之法。練時可用帶孔的舊銅錢兩枚，用細絲線繫於大樑上，高與眉齊平，人立於銅錢前，以手推錢，使錢從眼前飛過。

如能練到眼皮不眨，再練背後聽風聲之功夫，久之則效力大顯，遇驚之時，交手之際，自能臨機應變，如果再有絕技配合無不勝利。

六、掛佛珠

取佛珠兩粒，用絲線繫於坐禪處前後，高與眉目平齊。在坐功練習結束後，用手撥動珠子左右搖擺，經眼前和頭後飛過，如果能眼皮不眨，並可分清去向，耳後可聽珠子搖動響聲，伸兩指可立即捏住，表明功力顯著。如與人搏鬥，打來暗器則可探手捏住，是防身護體的好功夫，完全靠眼耳的功力即可制人。

少林高僧淳密曰：

　　眼耳人身之探馬，眼觀耳聽先回答。

　　衝殺戰場數百陣，全靠眼耳第一家。

七、千層紙

　　千層紙旨在習練拍打的陽勁。其習練方法簡便，用紙千餘張，釘在木墩上，又叫「打紙墩」。放置時高與腰平齊，以拳、掌、指、肘擊之。先馬步站樁，以後練至活步跳動，翻身向下劈、砸，弓步拍打，側身肘擊，正反左右都可互相輪流、交替擊打。用各種手法意象與敵拼搏之勢，攻而取之，破而進之，閃避而襲之。練習半年，則初步成功；練一年，則可成就中乘功夫；兩年後則全功告成。

　　至此時一拳到處則疾如狂風暴雨，擊中敵人，輕者跌倒疼痛，重者傷筋動骨，但不能致命。所謂「陽剛之勁」，令人難以悟通，但功成後再習練它功，則進效神速，凡著名技擊大家都不可缺少這項基本功法。

八、如意圈

　　如意圈是練習手指拈捏勁力的功夫。用金屬製成兩輪鐵圈，又似小兒戲耍之鐵環，惟直徑小，可以五指抓捏為度，兩手各捏一枚。初步練習時，每個可重 3～4 斤，以五指捏轉，經久之後，隨功力漸深，可用拇、食、中三指；再後可減為拇、食二指，乃捏轉如常，此時第一步功已練成。然後逐漸增至 8 斤為度，兩指仍能捏轉如常，即大功告成。漸增至 15 斤，如仍捏轉如常，則指如鋼勾，觸人肌骨則疼痛非常。技擊大家經常練此基礎功夫，少林武僧也經常習此功

法，並以此為武功基礎。

如元代子安，明代覺訓、本來、本整、可政、可改、悟雷、悟真、周友、普便、普照、廣順、道時、同隨，清代清姓、清雲、清蓮、靜修、靜紹、海良、湛化、湛可、寂慈、寂敬、寂經、寂元等高僧皆精此如意圈功夫。

少林武僧淳密法師曰：

如意鐵圈太方便，雲遊出山帶身邊。

閑來無事可練功，緊要也可避危險。

九、懸棉槌

此功是練習手眼的功夫之一，其練法簡便。練時用棉花少許揉作圓球，用絲線繫於樑間，用一指或二指，或用掌，或用拳點打，或用槍、刀、棍、劍等器械點刺之。初習者不易命中，久習後則能隨心所欲，待能點刺一一擊中時，其功夫則成。如與人搏鬥，則舉手點欲點處無不命中。技擊名家多練此功。棉槌可懸一個，也可兩個，左右交替運轉，活步翻身點打刺擊之，彷彿實戰一般。習練純熟後，無論敵從何方來都可擊中欲擊之處。

少林點打技擊名師如淨師太曰：

手上功夫練幾層，紙墩鐵環棉槌中。

持恆磨練幾十載，臨陣對敵可實應。

十、打木人

打木人功夫是少林七十二藝中的基礎功夫，切莫忽視，練時用粗木棒埋於地下3尺半，上露5尺至5尺半，或6尺更好，中間再裝一橫木，長約尺半左右，其形如十字，又似

人伸雙臂狀，中為胸腹，上為頭，橫木為兩手，下為獨腿，外邊以棉花皮等包裹，形如一人站立。

練習者立於木人前，或抱或摔或擠或以指掌點打上部，或以臀胯靠擠中部，或以兩足踏下部。心中想像人身各部，施各種手、腿、肘、胯、膝、足法，以及全身之勁力應用之法。每天清早舒筋後可以先練習此功，再練習其他拳腳，更為有利。

少林貞緒高僧曰：

　　打木人練勁力法，終朝日勤奮苦練。

　　習成全力合一體，風雷閃電齊交加。

十一、踢木樁

踢木樁可練習腳腿功夫。將一木樁埋栽於地下，朝夕練習側踢、蹬踢、彈踢、鏟踢、扣踢、擺踢、纏踢等各種踢法。如果死踢，則站立不動，兩腿交換踢擊；如果活踢，則單腿跳動交替踢擊，反出跳動踢擊，轉身踢擊。亦可在心中想像此樁為敵人，採取各種方法對付敵人：如抬足踢擊，閃戰攻防，用各種身法靈活多變踢擊木樁。如果能把粗木樁踢斷則功夫顯著，與敵交手，踢之敵必受傷倒地。

十二、踢稱錘

用鵝卵大的稱錘3～4個吊在橫樑上，以足踢之，稱錘來回擺動旋轉，如能每腳都踢中，則已顯初功；如4個稱錘個個都能踢得不沾身，則腳踢有準，在某些搏擊場上，就可以控制腳的發動。本功旨在練習腳功踢準目標，不發空腳之功，屬陽剛之勁路，有技巧之力，也可練習眼力。

23

少林高僧寂經大師曰：

　　踢木樁，踢稱錘，腳有力，中有準。

　　持恆練，銳意修，擊敵重，步法穩。

十三、內外基本功夫述要

凡習功夫者，不論軟硬功夫，都要凝神固精，冥心斂氣。要想做到「凝神固精，冥心斂氣」，必須排除一切思慮，除去一切隱患，方可成功。

以下諸般皆備，有病者依法調治，無疾者使內臟堅實，氣沛體充，成功較易，收效較速，否則內疾不消除，外疾易侵犯，縱使日習不停，不但難成且因此而受其害。因此，往往習跌坐者易成白痴，習吐納者易成癆瘵，只因未練內外功調治內道，不得其道，以致外邪侵入，內疾增盛，致成各種奇症而不可救藥。

前面所舉「十六忌」、「二十傷」等，皆為治臟強身的重要方法。內臟既堅固，然後再依七十二藝中之「四段功」，逐段練習，必能達到目的。

惟練習四段功時，須按步就班，不可間斷，不可遺漏，每天以子午 2 次練習為最佳。因子過陽生，午過陰生，合陰陽二氣相融會。若每天練一次者，在早 6 點半時練之，次為陰陽交泰之時，得氣則盛。除此規定時間外，若任意亂練，必無好處。練功之地點，要以清靜無雜聲之地為最好，若處在塵囂中或雜聲雜色融於耳目，則神不守舍，氣必分散，神亂氣散，不能成功。

此外四段以柔為主，不要有勉強之力和貪多務速之心，不可犯「十六忌」、「二十傷」，否則會傷損身體。此外習

練者還應注意，在練功夫前先練內外功、四段功 100 天，以此作為練習其它功夫的基礎，非常有利於長功。

少林淳錦法師曰：

七十二藝是奇功，必須行習基礎功。

得機得時得玄妙，循按師法定成龍。

少林淳念法師曰：

七十二藝須苦練，春夏秋冬不休閒。

每天練習數百遍，持恆定然成好漢。

少林正宗七十二藝

第二章

少林七十二藝圖解

>>>>>>>>>>>>>>>>>>>>>>>>>>>>>>>>>>>>>>

習武者，除拳械之外，還須練軟硬功夫一兩種或數種。因為功夫與拳術、器械，猶如耳之於目宜併用，而不可有須臾分離。因此，技擊名家常講：「打拳不踢腿，終究瞎出鬼。」又講：「打拳不練功，到老一場空。」還曰：「練功不練拳，到老沒招傳。」都是說練拳必須練功，若不練功，拳術雖打得精熟好看，終究是花拳繡腿；器械雖練得靈活敏捷，終究是舞劍弄槍不實用，到老仍然是空練一場，不能成其大名。反過來如光練功，而忽視拳械也不行，因為光練死功夫，久而不能活用，傳授足下無路可教，最終無濟於世，也是南柯一夢。因此，必須在拳械基礎上，進一步練習3種適宜的功夫，一為自衛（俗稱「挨打」），如金鐘罩、鐵布衫、蛤蟆功、鐵牛功等功法，練到精熟時不但拳術難傷其身，就是刀劍也毫不在乎；二為制人之技（俗稱「打人」），如一指金剛、金鏟指、雙鎖功、點石功、鐵砂掌等功法，練成者臂堅如鐵爪，指如利勾，拳掌如刀斧，與人博鬥無往而不勝。

例數少林各種功法計72種，練法則各有千秋，勁路彼此有異，其中上乘功法莫過於氣功，練習成功後不但能以氣

制人，槍刀不能損，還可強身健體，延年益壽。當然氣功習練不易，若習之失當易致疾，甚至有性命之虞。通常氣功可分為軟硬兩種、陰陽二功，如陰勁軟功等。功夫中一指禪觸人必死，無藥可醫。平掌功夫，則以鐵砂掌、鷹爪力等最為流行，擊人輕重，自己可以控制。習練時應仔細體會，運用時當慎重。

嵩山少林寺技擊點打名師如淨法師曰：

少林之藝集眾家，七十二藝眞功法。

軟硬陰陽皆都有，內外剛柔遺留下。

天下功夫出少林，少林弟子遍天涯。

少林寺著名武僧貞緒大師曰：

正宗七十二藝法，歷代祖師流傳下。

寺僧研練千百載，世世代代出名家。

苦習深功守寺院，為國出征把敵拿。

一、鐵臂功

歌訣曰：

少林眞傳鐵臂功，銳意磨練持苦恆，

練成兩臂硬如鐵，寒暑不停練十冬。

練　法

1. 初練時在屋內栽圓滑木椿，用臂輕輕正反擊之，左右臂交換練習，裡外反正擊之。每一臂要練習擊打四面，須使內外周至。每日行數次，漸漸增加至數十次、數百次，乃至千次以上，由輕至重，逐漸用猛力擊打。（圖1）

2. 逐漸變成為擊樹。由於樹幹粗糙，凹凸不平，不如木

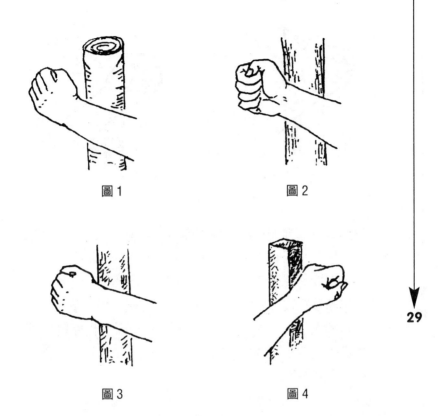

圖1

圖2

圖3

圖4

樁光滑，初擊時與之磨擊，則皮膚最容易腫疼，仍應按日練習。至2年之後，即可以不疼，越擊打越有力，兩臂也越來越堅硬。（圖2）

　　3.練過樹幹2年後，再換成圓石柱，天天用兩臂反正左右擊打，苦苦習練，朝朝拼搏，兩臂輪換交替擊打石樁。（圖3）

　　4.擊過圓石柱以後，再漸漸換成有棱角的石柱，左右兩手臂交替輪換擊打，按法周轉擊之。每天練習由數十次至幾百次，至千次以後，仍繼續練習，銳意拼搏。（圖4）

圖 5　　　　　　　　　　　圖 6

5. 至單臂一揮能把圓石柱打斷時（如圖5），仍按法擊打棱角石柱，每天擊打不停。

6. 至單臂能擊斷有棱角的石樁時（如圖6），仍然不可間斷，繼續擊打之。此時兩臂硬似鐵石之堅，用以擊人時，重者則筋斷骨折；如遇刀劍棍棒，單臂一揮，也能將其摧折，雖赤手空拳也不致於敗陣。

附：洗臂秘方

紅花3克、枳殼5克、牛膝6克、五加皮5克、杜仲5克、青皮4克、草烏3克、清水2000克，煎湯。

每練功前用藥水洗兩臂，然後再練功，每洗後藥湯渣不要倒掉，下次練習前，再溫熱燙洗，如水少了可以添水煮煎，用7天後再倒掉換新藥。

【功法略解】

1. 鐵臂功是少林寺正宗七十二藝中硬功外壯之功法，完全屬於陽剛之勁，是專門練習臂部的功法。

2. 少林拳譜云：「臂乃全身之門戶，宜狹不宜開，開則身法鬆懈渙散，敵人既可揭掀，更可挑架，從而對我之身無

30

利，則難以保護。宜以氣應之，臂力使向上，則氣吸向上；臂力使向下，則氣要降下。臂力若開，則隨身法迅速相轉，切不可使弧行為要。」拳諺曰：「運之於肩臂，意氣勁貫通」，「擰腰順肩，急旋臂」，著重強調臂在少林武術身手功法中，起著重要的看門作用。拳譜曰：「手臂本是兩扇門，對陣全靠腿打人。」

3.在少林武術技擊中，經常用臂部的橈骨和尺骨側邊作進攻和防守部位。如由裡向外的格臂，由上向前的壓臂，由上向下的沉臂，由下向上的架臂，由外向裡的勾臂，抓拿敵人的裡旋臂和外旋臂，由下向前的頂臂等。

與對方手臂互相攻防時的技法稱為「搶手」，搶手的方法是你架我即占，你占我即保，你保我即奪，你奪我即拆，你拆我即換，你換我即搭，你搭我即過，你過我即抽，你抽我即纏，你纏我即抹，你抹我即栽，你栽我即撐，你撐我即架，往返循環，變化多端，勢如海水，滔滔不絕。

少林武術對於兩臂，無論是進攻或是防守，都要保持一定的幅度、彎曲和距離，即保留一定的活動餘地，以利於技擊實戰中手法的迅速變換。

4.「鐵臂功」鍛鍊的實際部位有：肩背（三角肌、岡下肌等）、大臂（肱二頭肌、肱三頭肌）、小臂（肱橈肌、橈側腕屈肌、掌長肌、尺側腕伸等）、肘部（肘節）及腕部（肌腱）等。

練習「鐵臂功」，可以使臂部粗壯有力，肌肉堅硬，骨骼堅硬如鐵，韌帶靈活堅韌，對外界適應能力強，而且還可以在練習中逐漸培養手臂肌肉在力量硬度對抗時的勁力感覺。也可以增加上肢肌肉的爆發力，使手臂在運動過程中以

及技擊應用時堅實而不滯，剛硬而不僵，迅疾靈敏，運用自如，達到「內練一口氣，外練筋骨皮」，揮臂斷鋼柱的練功目的，從而在攻防實戰中發出巨大的威力。

5.對於練習此功的基本要點，少林拳譜有言：此種功夫，見效極速，並且練法也簡便易行，成功也很容易，兩年可見初步成效，5年已可大戰，若10年苦功已臻絕境。

6.練習此功，必須持之以恆，不可間斷，更不可忽冷忽熱；要按時用洗藥，保持皮肉筋骨少受損傷，促進血液循環；要以學而不倦，練而不厭的精神從始到終。

少林高僧貞俊大師曰：

祖師遺傳鐵臂功，流傳古剎千百冬。

歷代武僧苦研練，兩臂敢與鐵石爭。

單臂揮動鋼柱斷，橫掃群敵賽削蔥。

二、排打功

歌訣曰：

排打之法有苦痛，持恆磨練得數冬。

全身內外合一體，內氣固足賽銅鐘。

練　法

1.用擊打之法使筋骨堅實，與槌打功夫相同。首先以堅木做成長1尺，寬6寸，厚1寸5分的木磚一塊，用手握木磚中央，以木磚外沿側擊身體各部，都應排到。順序是先排大小臂，左右互換手排之，各排100次，由輕到重；再排大小腿，排左腿則右手握磚，排右腿則左手握磚；次排胸腹，應左右交換排打；再排後腰和兩肩。

圖7　　　　　圖8　　　　　圖9

　　如此每天晨昏各排1次，每次各部都要排100下，持續1年半。（圖7）

　　2.第二步由木磚變成窯磚（在窯上燒過的、蓋房子用的磚塊），仍然和木磚排打的方法順序一樣，排打1年。（圖8）

33

　　3.第三步由窯磚換成金磚（用銅鐵鑄成之磚，而非真金），再打木磚排打方法練習和順序排打1年半，則全功告成。但仍要繼續排打，不可中斷。（圖9）

　　至功成之後，全身上下各處堅實無比，雖然不能刀槍不入，但受一般拳腳踢打不致傷身。應注意的是，在排打軟襠部時，須把氣鼓足，不要傷了內部。大約一次呼吸，擊打一下，每排打一下之後，要吐氣一口，然後再鼓氣排打，前後共習練4年功夫，必有成就。

　　【功法略解】

　　1.少林排打功法是少林正宗七十二藝中的硬功外壯法，同時也具內壯軟功之勁，屬陽剛之勁，是專門堅實全身各處，增強對抗能力的重要功法。

2.少林技擊中，都是用拳打腳踢胸、腹、肋、背、肩、胯、臂、腿的，時刻都有被敵擊打的危險，如果不經過排打的練習，則肌肉筋骨鬆馳，易被擊傷。如果是經常練排打的身體，就能經得起敵人擊打，甚至無論擊打什麼部位，都毫無疼痛感覺，內裡五臟六腑也不會損傷，並能發揮水準使出少林武技的威風，從而戰勝對手。所以少林拳諺中云：「內練一口氣，外練筋骨皮。」在練排打功時，要將身體內在的丹田之氣，與外在的筋、骨、皮、肉練成協調一致的整體。在練習時要做到以意領氣，意到氣到，練到爐火純青，可成金剛不朽之軀，百劫不病之體。

3.古拳譜中關於排打用具——穀袋的製法是：用粗布縫製成一個兩層的長形圓布袋，長1尺9寸，粗細約4寸，一端縫死，往袋內裝入一半穀子，用繩從頭上紮結實，餘下的一半空布袋留作手握。在練功的時候，排打的順序要先從左到右排打，因左為血分，右為氣分，血先行而氣宜隨，如此不會有差誤。另外手足四面要全部排到：

①先從左肘內側排打，至左手心直至左手中指尖為止，這是左手裡面排打法；

②再從左肘開始，順序打至左手背至左手中指尖為止，這是左手外面排打法；

③再從左腋下排打開始，順打至左手指為止，這是左手下面排打之法；

④再從左肩開始，順序排打至左手指為止，這是左手上面排打之法。左手四面打完之後，再接著打左足部位；

⑤先從左肋打起，順打至左小腹、左大腿面、左腕直至左小腿面、左腳趾止，這是左足前面排打之法；

⑥再從左腋下斜打至左腰眼至左外踝再至左小趾為止，這是左足外面排打之法；

⑦從左血盆骨向下順打至腹部左側、再橫打至腹部右側，然後換左手持穀袋由右橫打至左腹部，用右手掩住外腎部位，以免被穀袋擊傷。左手再從小腹打起，從左腿內側打到左踝，再打至左腳趾為止，此為左足裡面排打之法；

⑧再雙手持穀袋，過頭頂向後排打左脊背 20 下，再用左手持穀袋反手從上而下排打左脊背，向下順排至左腰眼時，將手一轉，順打至大腿、左肚筋、左腳跟，此為左足後面排打法，然後再接著排打右手四面。

切記排打之時必須自上而下密密順打，萬不可脫漏，也不可逆打。如有脫漏，切不可補打，須一氣順排循行。排打的時候要先吞氣一口。左手、左足、右手、右足，共吞氣 16 口，連前共吞氣 65 口。練習排打功 30 天或者 60 天以後（年輕體壯者 30 天，老年體弱者 60 天），加練習巡手式共吞氣 4 口。又過 10 天後，加偏提式吞氣 6 口，正提式吞氣 3 口共 9 口。又過 10 天，再添薛公站式吞氣 3 口。又過 10 天，再添列肘式吞氣 6 口，共吞氣 22 口，加上前面的 65 口總共吞氣 87 口。至此時功夫已成。

4. 少林排打功法的練習要點：

此功除四肢和前後胸腹背外，也可排打頭殼各部，練成頭肘功，前後共排練 4 年即可成功。此功在少林寺內與打木人之功夫不相上下，但風格獨具。

附：排打功內壯藥方

乳香 8 克、無名異 8 克、自然銅 6 克、番木鱉 6 克、朱砂 6 克、杜仲 20 克、五加皮 35 克、棉花根 60 克、胡椒 65

克、牛膝 15 克、木瓜 12 克、川芎 9 克、猴骨（醋炙）30克，研成細末備用。在每天晚上練功前，用好酒沖服 1.7克，然後再喝白開水半腕，開始排打。

【功效】：有壯功固氣，堅肌膚、壯筋骨，循環氣血之功效，有助於加速功法的進步。

少林排打名師寶輪禪師曰：

> 排打之法是真功，流傳寺內妙無窮。
>
> 寺僧朝夕苦修煉，看家護院不計冬。

少林高僧洪溫禪師曰：

> 排打本是護身法，全身上下似鐵塔。
>
> 強敵想傷難下手，我身一動敵嚇扒。

三、鐵掃帚功

歌訣曰：

> 掃帚功夫威力顯，黃風捲地一溜煙。
>
> 兩腿堅硬如鐵棍，掃中敵人筋骨斷。

練　法

1.練習鐵掃帚功，每天先站馬步樁勢，站至力盡時略做散步，待力量恢復後再繼續依法站樁。初練時間不要過長，以後慢慢延長時間，至馬步樁站到兩個半小時仍然不覺疲勞時，則第一步功夫已成功。因為練習馬步站樁式，是以練三盤穩固、五體堅定為主的，練習日久兩腿堅實有力，尋常之人難比。（圖 10）

2.在經常走的路上埋栽木樁，或在距離略遠處埋栽數根木樁，來回出入用腿橫掃木樁，先用前掃腿掃擊木樁。（圖

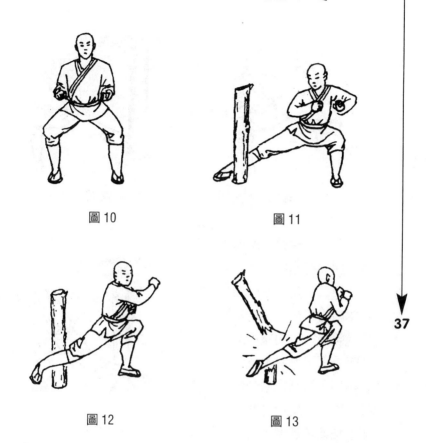

圖 10

圖 11

圖 12

圖 13

11）

　　3.按上法經久練習不可間斷，再用後掃腿掃擊木樁。兩腿的四周都要練習，只有前、後、裡、外四面都橫掃木樁，才能練習得堅韌有力。若有一處練不到，則軟弱無力，不能應敵，所以要均衡練習。至於練習一條腿的功夫，或者練習兩條腿的功夫，可由個人視情況任意選擇。（圖 12）

　　4.練至日久功深時，用前掃腿橫掃木樁，腿到而樁斷。（圖 13）

圖 14

圖 15

5. 繼續練習不斷進步，用
後掃腿掃打木樁，當即樁斷。
至此第二步功夫業已成功。每
見木樁掃擊數次，初步時筋肉
紅腫疼痛，但要堅持磨練，日
久年長即可堅肌肉強筋骨，不
覺疼痛。漸漸木樁動搖，終究
被打斷。樁斷後再栽粗木樁，
按上法繼續練習。此時如再打
細木樁時則可輕鬆掃斷。（圖14）

圖 16

6. 打過木樁後，再用腿打大樹，先用前掃腿橫掃大樹。
要使腿前面、裡面、外面、後面全練到。（圖15）

7. 再用後掃腿掃擊大樹。要使小腿後面、外面，兩面全
練到。要使腿的四周都能得到練習，才稱得上是全面鍛鍊。
（圖16）

8. 經過長時間的刻苦練習，剛開始掃大樹，如螻蟻登泰
山，蜻蜓撼石柱，見功很慢。4～5年後，用前掃腿掃擊大

樹，腿掃到時，則枝頭弱葉可被震掉，繼而樹幹受到震撼。至腿功到爐火純青時，掃腿到處，樹則搖搖欲倒，漸可葉落乾枯。

9.用後腿掃擊大樹，經日久磨練，腿掃擊到樹身，樹則搖搖欲倒，漸漸乾落枯葉而死，此時腿上功夫則告成功。

【功法略解】

1.少林鐵掃帚功法，是少林正宗七十二藝中硬功外壯法，純屬陽剛之勁，為專供練習兩腿部的重要功法。

2.少林拳譜云：「腿者，支撐身體，載一身之重量，使身體靜如山岳，收盤安穩之效。動似江河，無絲毫遲滯之餘。舉止鎮靜而不亂，動作平穩而不搖，氣不上浮，故無上重下輕之弊。足不虛蹈，即少有腿顫之患。」

因此，初學武術者，一般腿部無力，以致如樹木無根，身若風搖，自有應手而移、隨動而倒之現象。精於武術者則不然，每一姿勢，其根在腳，發於腿，主宰於腰，行於手指，遂能得機得勢。故練腿之法，乃當務之急。

又云：「管腳之攙力，腿亦有功。宜懸而縮，宜活而硬。」這就是所謂的「下盤緊密」。拳諺「手是兩扇門，全憑腿打人」，「打拳不溜腿，必是冒失鬼」，「三分用拳、七分用腿」，「若用腿打人，全憑連環腿」等等，均說明了腿（腿法）的威力及在少林拳中所起的重要作用和地位。

故此歌訣曰：「前腿要弓，後腿要蹬。弓步如弓，蹬步如釘，弓釘相合，力蓄其中，靜像山岳，穩盤固重，千鈞大力，牽我不動。」

3.少林拳在技擊中首先要明確「五要」，即手、眼、身、腿、步五要素。而腿法所重要的是指腳尖、腳跟、腳

掌、腳內側、腳外側、小腿內側、小腿外側等部。在攻防實戰中，腿腳的威力是特別大的，它比手臂之力大 3～5 倍，並且容易隱避，使對手不易覺察，還可對人身上、中、下三盤部位進攻。上邊可踢頭與胸背部，中間可踢腰與腹陰部，下邊可踢膝蓋和小腿部。腿法一旦使出是靈活多變的，踢中就可挫敗對方。所以，少林拳術著重講究腿法的練習。巧妙有力的腿法，自可應戰有力。

4. 少林拳術中腿法有很多種，但以彈、蹬、踹、點、鏟、纏、拐、錯、勾、踢等腿法為主，有裡合、外擺、後撩、倒踢、前掃、後掃、旋踢之分，還可結合騰空跳躍的勁力，做出飛腳、擺蓮、箭彈、踢蹬、側踹、扣踢、旋踢、旋子、旋風腳、空翻等。

這些常用腿法，均可以上下、前後、左右相互使用，如果平時不加強練習腿法，在實戰應用時就會有速度慢、軟弱無力的現象。就是踢出腿以後，支撐腿力弱不穩固，不能迅速收回踢出之腿，最易被敵抄腿摔倒。所以，練少林拳首先要練習好腿法，方可見成效。

5. 對於腿的練法，第一要先注意壓腿、踢腿等，勤柔膝蓋，增加關節韌帶的柔韌性和靈活性。第二要堅持苦練，不怕痛苦，加練鐵掃帚功、拍木樁功、踢沙袋、勾掃樹木等功法，使腿法具有很大的力度、速度和堅硬度，如此才能充分發揮腿的技擊威力，制服頑敵。

6. 練腿注意事項：練習腿法雖然是持恆苦戲劇，但也要巧練，不能拼命蠻幹。如果過於急躁，急於求成，則容易出現韌帶拉傷、關節扭傷等毛病，很難恢復，影響功法練習的進展，不僅不進步反而會造成退步。此外，練過以後要慢慢

做放鬆散步活動，不可突然坐臥，這樣會造成韌帶僵硬，失去靈活性。拳諺曰：「練多不如練少，練少不如練好，練苦不如練巧，練巧不如練妙。」表明用腦揣摩鑽研之重要。拳譜云：「練武先煉心，煉心才練身，心動全身動，身動氣血臨。」練鐵掃帚功夫，也要用心練才能見成效。

7.練習此腿功至堅實後，可用於掃擊強敵和拂擊敵人武械。力量要用在小腿上，遇被群敵圍困，以腿橫掃之，群敵腿部受傷則筋斷骨折，當即解圍。

附：鐵掃帚秘方（強筋壯骨丸）

無名異（製）15克，自然銅（製）15克、木鱉子（菜油浸炒）15克、蘇木15克、地龍15克、當歸（酒浸）15克、乳香15克、沒藥15克、均耳灰30克、牛膝10克。

以上諸藥共研細末，煉密為丸，如眼珠大。練功前服丸，用溫開水沖服。

【功效】：有強筋健骨、壯肌肉和柔韌帶的功用，並有止痛消腫去毒之效果。

少林高僧清倫法師曰：

鐵掃功法是苦功，日夜修煉不消停。

鐵腿突圍破群敵，強手逢之魂嚇驚。

古剎習成鐵腿功，橫掃千里一陣風。

四、足射功

歌訣曰：

足箭功夫簡易行，行站不離踢挑功。

足踢磚石飛數丈，由小漸大腳力增。

前後左右去的準，射擊頑敵不落空。

練　法

1.練功方法簡便易行。將磚石塊放在地上，用足向前挑踢射擊，先踢小塊石磚。初踢時足尖疼痛，要由輕到重，循序漸進，切不要一開始就踢重石，以免發生創傷。習練時間持久，則筋肉堅實，並可增強彈力。（圖17）

圖 17

2.如上法踢擊兩年時間，磚石塊可慢慢增大，並設

圖 18

定預擊目標，瞄準擊之，直到很重的物體也能隨意踢出時，表明全功告成。（圖18）

在敵我交手之時，遠離則出其不意踢磚石擊之，近處則以足踢敵身，敵受擊必應聲倒地。同時由於經常練習，也可增加自己下盤的穩定性。在練習此功法時，如果練後用藥水洗兩足，效果更好。

附：少林洗足湯

川烏30克、草烏30克、南星30克、蛇床子30克、半

夏 30 克、百部 30 克、花椒 30 克、狼毒 30 克、藜蘆 30 克、透骨草 30 克、地骨皮 30 克、龍骨 30 克、海牙 30 克、紫苑 30 克、地丁 30 克、硫磺 60 克、青鹽 120 克。

以上藥物用醋 5 腕、清水 5 碗浸泡，然後煎至 7 腕。每日練功後用藥湯洗兩足，用 10 日後，另換一付藥再煎。

【功效】：有消毒退腫的功能和舒筋活血的作用。

【功法略解】

1.足射功夫是少林正宗七十二藝中，內外功夫的硬功外壯法，屬陽剛之勁路，專門練腳部的射擊功夫，其重點練腳尖踢功。

2.足為全身之根，根底不穩，雖上身強壯也只是虛器。其重點在足趾抓地和足根穩固，切不可前俯後仰，趾跟全虛。後退時宜輕，踹腳時宜速，探步時宜靈活，其餘百盤步法，都應遵法運用。底根如穩固，則全身靈活，足動則全身都動，足停則全身都停。

此外，習武者還要注意足的方位，然後決定是攻還是防。步法快捷、身法靈活、進退得力、攻防得當、隨機應變，皆在足的舉止上。拳諺所說「身要隨足行，手要隨腰變」；「遠戰可用足，近戰可用膝」；「足履地時勢如山，懸顛平踏自天然」等等，均說明足的重要性。

3.少林武術要求「腳如鑽」，而腳是武術步法的根基，根基不穩其步法必亂。只有根基穩固，才能進步有力，退步隱避，運用自如。經過練習足射功法，可以加強踝關節的靈活性，練習足趾抓地的能力，增加足尖的點踢力量和足部的支撐力量。無論在運動上還是搏擊上，都有很大益處。

少林高僧貞秋大師曰：

足踢磚石練腳功，白晝踢挑練不停。

前人流傳足射法，歷代武僧用苦功。

秘傳功法練在身，雲遊八方會群雄。

嚴懲惡霸除暴徒，濟困扶危救眾生。

五、腿踢功

歌訣曰：

兩腿踢起快如風，上下翻飛力無窮。

單踢沙袋兩百斤，腳踢敵人影無蹤。

練 法

1.先用布做成袋，內裝細砂，由每個 10 斤開始踢起，兩腿交替踢擊。（圖 19）

2.再把沙袋加重 10 斤，共重 20 斤，仍然能順利踢起。（圖 20）

3.經過精心苦練，日增力氣，再增加砂的重量，砂袋可加至 40 斤，兩腿練至能順利交替踢起。（圖 21）

4.又經過一段苦練，砂袋的重量增至 80 斤，兩腿仍然可以輪換踢起，運用自如。（圖 22）

5.天天苦練，月月增加袋的重量，砂袋加至 160 斤重，還是兩腿踢起自如。（圖 23）

6.繼續練習，至砂袋增加至 200 斤仍能踢起時，功夫告成。練此功前後要經 10 年至 15 年的時間，辛苦萬分，千萬不可中途停輟，否則將後退不前。（圖 24）

【功法略解】

1.腿踢功是少林正宗七十二藝中內功的硬功外壯法，純

圖19

圖20

圖21

圖22

圖23

圖24

屬陽剛之勁路，專供練習小腿的功法。

2.踢功法在少林拳技擊散打中，也是一種必須練習的重要功夫。拳譜云：「南拳北腿，各有特色。」說明南方的拳術著重用拳為進攻的主要先鋒，北方的武術即指嵩山少林寺的武術講究用腿為進擊對手的有力武器。北拳重用腿，是因腿長力大，既有進攻能力，又可遠處踢人，反、正、左、右、前、後都可隨時踢擊對方。拳譜云：「寧挨十捶，不挨一腿。」「十捶不傷，一腿命無常。」「發出連環腿，擊敵如飛灰。」都是說腿在實戰中的重要性和威力。

3.在少林武術技擊實戰中，要想使腿法應用靈便，必須練習腿踢功法。只有持恆苦練，晝夜用功，才能使腿部肌肉堅實，筋壯骨硬。應用到實戰上也能踢擊快速有力、踏地穩固，為戰勝對方打下基礎。否則即使會踢腿也是無力，速度也遲慢，支撐腿也踏立不穩，易失去良機。這是少林武術中不可缺少的腿功。

4.練習腿踢功夫的要點：要循序漸進，不可操之過急；砂袋由輕漸重，逐日增力，月月增重，不可增加過猛。否則不但功效難成，還會傷損筋骨，甚至致傷內臟。按前人所秘傳功法練習，則萬無一失。功成後如與敵交手，踢中即飛出數丈，輕者疼痛紅腫，重者傷筋斷骨，甚至喪命。

少林高僧貞恆大師曰：

　　苦練兩條腿，終日力量增。

　　每天數百踢，須經數十冬。

　　腿踢練成功，實戰應用靈。

附：腿踢功藥方（洗腿練功湯）

川烏 30 克、草烏 30 克、南星 30 克、雞血藤 30 克、蛇

床子 30 克、半夏 30 克、百部 30 克、花椒 30 克、狼毒 30 克、藜蘆 30 克、透骨草 30 克、地骨皮 30 克、龍骨 30 克、海牙 30 克、紫苑 30 克、地丁 30 克、硫磺 30 克、絲瓜絡 40 克、青鹽 120 克。

以上藥物，以醋 6 碗、清水 6 碗浸泡煎湯，煎至 9 碗。每天練功後，用藥水溫洗腿部。每劑藥可連續用 15 天，到期另換新藥，再煎再洗。

【功效】：此藥有消毒退腫，舒筋絡和堅肌健骨的效用。

六、銅砂掌（竹葉手）

歌訣曰：

銅砂掌法似利刀，朝夕擦搓鐵砂包。

拍擦旋搓功法成，掌削歹徒命難逃。

練 法

1.用粗布雙層，縫成 2 尺至 3 尺見方的布袋，裡邊裝入鐵砂並摻以尖銳的鐵片，初練時每袋裝鐵沙 40 斤，用堅木或高樹為架，高達 2 尺開外，用鐵索或粗繩繫住鐵砂袋，懸吊於木架上。練功者立於架側邊，站好騎馬式或弓步式，舉掌拍擊之。因袋內的鐵片尖銳，鐵砂又粗糙，很容易擦傷皮膚，故應不怕吃苦。

開始時每擊拍一下，砂袋微微蕩動，以後漸漸蕩遠，由寸許增至尺餘。在鐵砂袋蕩回之時，可用掌在旁邊攔之，勿使砂袋蕩向外側。待砂袋著掌時，則用力向前或向後搓擦，使鐵砂袋在面前靈活旋轉。旋轉穩定以後，再用掌向外拍

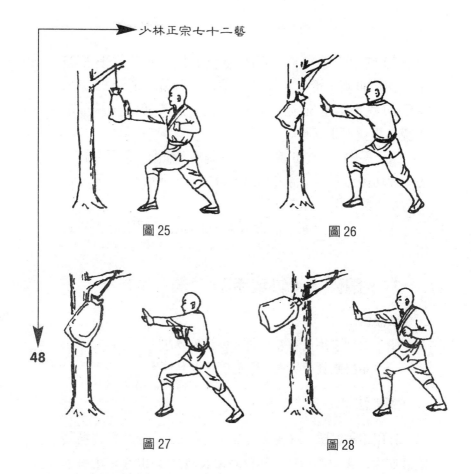

圖 25　　　　　　　　　　圖 26

圖 27　　　　　　　　　　圖 28

擊，蕩回時再按上法搓擦。練到不覺費力的時候，即可增加
袋內鐵砂重量。（圖25）

　　2.鐵砂袋的砂子增加到70斤時，仍然按上法練習。練
習數月以後，鐵砂可再加30斤。（圖26）

　　3.到鐵砂袋重量達100斤時，仍然按上法拍擊搓擦，繼
續苦練。逐日修煉，月月增加鐵砂。（圖27）

　　4.經過數月後，袋內鐵砂又增加30斤，全袋重量達
130斤，仍按上法習練。應能應勢而出，旋轉運用靈便。

（圖 28）

5. 又經過數月磨練，至砂袋的鐵砂又加 30 斤，鐵砂袋的總重量達到 160 斤時，仍按上法拍擊蕩回，搓擦旋轉，回環自如，不費大力氣。（圖 29）

6. 直至逐日苦練，力量增大，月月加大蕩起砂袋的重量。增長到袋重 190 斤的時候，能隨手將其拍擊蕩起，任意接攔旋轉搓擦，並可旋轉圓

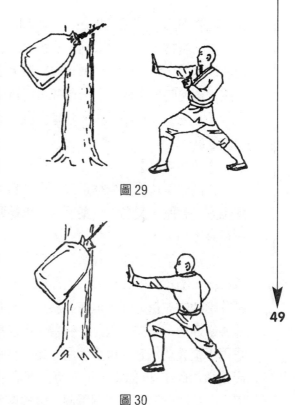

圖 29

圖 30

化，拍成甩開半月形，仍然不費力時，功夫便大告全成。

前後約費 8 年功夫，以後仍然要繼續堅持，不可停止，停則不進而後退。（圖 30）

附：銅砂掌練功洗手秘方

川烏 3 克、草烏 3 克、天南星 3 克、蛇床子 3 克、半夏 3 克、百部 3 克、花椒 30 克、透骨草 30 克、藜蘆 30 克、龍骨 30 克、海牙 30 克、地骨皮 30 克、紫苑 30 克、地丁 30 克、青鹽 120 克、硫磺 30 克、劉寄奴 60 克、秦艽蒂 3

克、乳香 20 克、沒藥 20 克、勾藤 10 克、化石 13 克。

以上藥物，加醋 6 大碗，清水 6 大碗，共煎至 9 碗。練功前洗兩手。洗手時先將藥水放於爐火上微溫，將手放入，至藥水極熱時把手取出。一劑藥可連續用 36 天。

【功效】：舒筋活血，壯骨堅肌，消毒止痛退腫，加速功夫進展。

【功法略解】

1. 銅砂掌功法是少林正宗七十二藝中硬功外壯的功法，屬陽剛之勁路，又名「竹葉手」，專練兩掌部的功夫，也是一種殺手功夫。

2. 銅砂掌功法在少林拳術技擊中，有著重要作用。功夫練成後，觸物物即毀，觸人人即傷，雖不如陰拳功夫和一指禪等陰功的殺傷力強，但在抵觸之間則有傷亡的危險。它與硃砂掌等功用相同，因此，練習者可以只習練左手為宜，若是兩手全成功，定要慎重使用。如少林寺明代高僧廣順老和尚苦練銅砂掌 40 餘年，一日有江湖高手來訪，廣順用手向牆上一扶牆壁當時出了個深洞，磚頭俱粉。江湖高手驚嘆而去，並曰：「少林寺功夫真是名不虛傳，仍居武林之首，是武學之淵源，令人敬佩矣。」銅砂掌功夫一直是少林寺武僧每日習練的重要功法。

3. 練習此功法，要遵武德守戒約，要有禪佛慈悲為懷的善念，不可輕易出手，只有真正遇到歹徒惡敵，才可以出手制伏，為百性懲罰壞人，扶救善良好人。只有偶遇攔路劫奪的盜賊威脅生命時，才可以自衛還擊，挫敗盜賊。

4. 此掌功是以掌擊人的一種功夫，殺傷力很強，最好是練習左掌一隻手，惟恐兩掌齊練成功後，不注意會傷人。要

求習練者既要練好功夫，又不可恃技欺人。

少林高僧宗鄉武僧曰：

先師功法非等閒，雙掌功力鎮河山。

西天金嶺從比武，掌震群雄神威顯。

天下功夫數少林，武林北斗出英賢。

七、蛇行術（蜈蚣跳）

歌訣曰：

蛇行術法是奇功，伏耳下式地上行。

練成手腳指如丁，觸之犯敵難活命。

練　法

1.先用兩手掌按地，再用兩腳趾抵地，四腳撐地，在地上身體胸腹離地 3 寸左右，形如現代的伏臥撐（伏地挺身），接著身體中部向上聳起，兩掌猛力按地，兩腳尖向後一撐，全身都凌空離地，乘此按掌的勁力全身向前躍出，然後落地仍使掌趾撐地，身體不許貼地。（圖 31）

2.練習純熟時可跳躍自如，不覺費力，再以兩掌變拳，用拳頭和腳尖著地支撐身體，如上法練習。（圖 32）

圖 31

圖 32

圖33

圖34

3.拳頭再變為掌，五指和腳趾撐地，支撐全身之重量，依上法繼續練習，直到能跳躍自如，不覺費力。（圖33）

4.身上背物，兩手指和兩腳尖著地，支撐身體，依上法練習，仍能跳躍自如。（圖34）

以後仍然慢慢練習，逐日增力，可將五指改為三指，當練至跳躍自如時，可將三指變兩指，漸漸練習。身上重量可慢慢增加，至身上能背一人，用兩手拇、食指和腳尖支撐全身，仍可跳躍自如，進退和左右閃跳運用靈便時，則表示大功告成。但仍須持恆不斷，繼續堅持練習，方可保功夫不退。

【功法略解】

1.蛇行術又名「蜈蚣跳」、「蜈蚣蹦」、「俯耳蹦」，是少林正宗七十二藝中硬功外壯法，屬陽剛之勁路。這是一種練習手指部和腳趾部力量的重要功夫。

2.蛇行術為少林武術中地趟功、夜戰術的一種功夫，分前縱跳躍法和後退跳法及橫跳法、旋轉跳法等等，重點是練習雙手指和腳趾的力量和動作速度、跳躍能力，使人身上各處靈活敏捷，全身協調一致。跳時腰部要上聳，胸腹不要著

地。

3.練習蛇行術，對練習少林武術技擊散打有重要作用。手指和足趾經過練習後，堅硬壯實，力量充足，觸敵穴位即有截閉敵血脈之危，點敵肋間則有指到洞穿之險，足踢敵人則有筋斷骨折之狀。練成四肢指趾硬如鋼丁，重擊強敵身上，可令敵當即傷亡，它是少林寺眾僧經常練習的功法之一，也是對敵實戰不可缺少的功夫。

4.功法是夜行人退避下行的蛇行功法，使人不易發現行蹤，更是使人出乎預料而措手不及的行動功夫，是武林中的奇藝。

附：洗手指腳趾藥方

川烏3克、草烏3克、南星3克、蛇床子3克、半夏3克、百部3克、花椒30克、狼毒30克、透骨草30克、藜蘆30克、龍骨30克、地骨皮30克、紫苑30克、青鹽120克、劉寄奴60克、地丁30克、絲瓜絡40克、雞血藤30克。

以上藥物，用醋6碗、清水6碗，共煎至9碗為度。在練功前用溫熱藥湯浸洗手指和足趾。每劑藥可連續用20天。

【功效】：去毒氣、消腫、止疼痛，堅肌肉、壯筋骨，舒筋活血，促進功夫的加速進展。

少林高僧真靈法師曰：

蛇行之術屬地行，伏身行走如遊龍。

前縱後退任意走，左右橫跳閃避能。

嵩山少林傳絕藝，遊遍乾坤顯奇功。

八、提千斤

歌訣曰：

　　手抓荸薺石墩動，終朝每日苦修行。

　　練至力提千斤重，勢如鐵塔硬幾層。

練　法

1.用麻石鑿成圓椎形狀的石荸薺，上邊小下邊大，上頭帶芽，最小的以 15 斤為準，最大的至 165 斤。當中每種相差 20 斤重，共分 6 種。在這 6 種當中，每一個又相差 5 斤重。初練時從最輕的開始，以拇、中、食三指為主，捏住上頭石尖。捏時拇指在內側，餘指在外側，指尖都向下，不可用手心抵石荸薺頂。捏住以後，即向上提。

在入手之初，欲以三指豎提 15 斤的石荸薺，已屬極其費力之事。因為此種石荸薺尖銳而光滑，四周平削，無有借力之處。因此，練到應手提起，甚至毫不動搖，非經過一年功夫不能把握。即使能提起，還必須練習持久之力，否則提起就放下，功力是有限的。

在提起以後，可以環場走數步，逐漸練至數十步、數百步，以至手捏石荸薺繞場地走數十圈而不脫手。此時再練習加重 5 斤，累計加重 4 次共 20 斤。（圖 35）

2.經久練習，逐日增力，可換成 35 斤重的石荸薺，繼續捏抓苦練。依上法練習 1 年以後，仍可運用靈便，繞場地走數十圈。再持恆苦練，逐日增力，每次加重 5 斤，共加重 5 次為一個段落。（圖 36）

3.練習 1 年後，又加 25 斤重量，共達 60 斤的石荸薺，

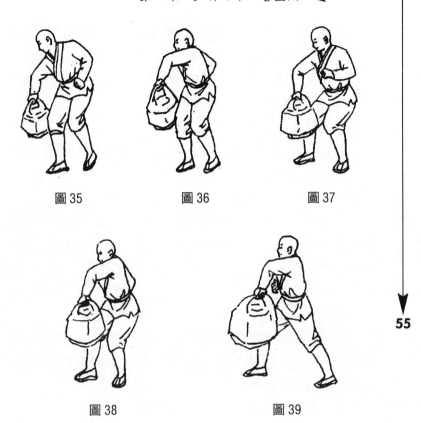

圖 35　　　　　圖 36　　　　　圖 37

圖 38　　　　　　　　圖 39

仍然應手捏起來，毫不費力氣，即告一段落。以後再分6次加重份量，共加30斤。（圖37）

4.石荸薺重增至90斤時，仍然應手提起，走場地繞數十圈而不脫手，不覺費力，功夫又長一層。繼續練習，分7次加重份量，又加35斤。（圖38）

5.石荸薺加重到125斤，仍然可以捏提自如，繞場地行走數十圈，不覺疲勞，功夫又上一層。此時更要加緊練習，分8次加重量，共加40斤。（圖39）

6. 練習即久，功夫漸進，石荸薺重達 165 斤為度，再依上法練習到純熟應手、毫不費力為止。以後繼續練習如能捏提起來持久一個時辰以上，則功夫堪稱登峰造極。至此前後須有 8～10 年時間，不可中途停輟。

【功法略解】

1. 提千斤功法，是少林正宗七十二藝中硬功外壯的功法，屬陽剛之勁路。又名「石荸薺功」，與鷹爪、拔山等功法大同小異，是專供練習手的拇、中、食三指的一種功法。

2. 提千斤功夫是少林武術中的一種重要功法，少林寺僧歷代都有練此功夫的，如明末清初的祖月法師，練習石荸薺功力顯著，單手提捏 165 斤重的石荸薺出山門，向西繞少林寺塔林轉一圈，再回至寺內，仍然談笑風行，自在如意，氣不噓喘，來回路程足有 6 里，可見其功夫極高。

3. 練習此功的重點在於練習拇、中、食三指的捏力及臂部的提拎勁力，力量全在三指的指面上。練習時不可猛進，要循序漸進，可自然成功。

附：練功洗指秘方

羌活 30 克、蔓荊子 30 克、荊芥 30 克、老桂木 8 克、丁香 8 克、白芷 10 克、川芎 30 克、細辛 6 克、防風 30 克、雞血藤 20 克、紅花 6 克、乳香 16 克。

以上藥物共研細末，每次用藥末 20 克，加鹽 1 匙，連鬚蔥白頭 5 個煎湯。練前練後都要用藥湯洗手指尖和手指。1 次用藥末 20 克，可以用 1 天半，共洗 6 遍，每劑藥可分成 11 次使用，可洗 33 遍，共 16 天半。

少林高僧清蓮法師曰：

　　荸薺功法提千斤，前輩苦練用心神。

遺流秘功傳千古，古剎代代出奇人。

少林僧尼清真、清玉二師太曰：

姐妹關外痛苦傷，先師救俺回山崗。

不是師父佛法現，姐妹定然命無常。

前人功法絕蓋世，為我少室增輝光。

九、羅漢功

歌訣曰：

雙目練成亮如燈，勝似白晝日月明。

目光視察如閃電，比武定能占上風。

練 法

1. 每晨醒時切不可開目，用兩大拇指背面相互摩擦。（圖40）

圖40

2. 兩拇指互相擦熱後，揩目14次；仍緊閉眼睛，反手使兩拇指反背骨節面揉眼睛（由左向左上、向正上、再向右下，向右上再向右下，由右下向正下，再向左下），輪轉7周。此為少林童子功中開合輪晴功夫。（圖41）

3. 兩拇指背面揉眼後，二目仍緊合閉。

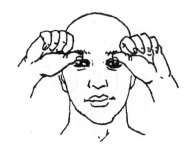

圖41

4.二目緊閉多時以後，忽然睜開睜大（圖42）。用兩手拇指背緊按兩眉梢（攢竹穴）小穴72次；再用兩手磨兩顴上，然後旋轉耳根（耳根穴）36次；又以手搓額，從兩眉中間開始向頭上搓運至腦後髮際72次，口中咽津液無數。此為醒後之功夫，又名為「佛頂摸珠」。

圖42

5.在暗室中，將大蠟燭燃著，外照一層用淡綠紙糊成的風罩，練習者距離其1～2丈遠近，取立勢或盤膝坐勢，也可坐凳上。靜心息慮，聚精會神地向燈逼視（圖43）。視一段時間後，閉目使眼珠按前法輪轉36次；接著再反向（即由右向左）輪轉36次；然後再睜眼逼視燈燭片刻，即閉目練開合輪睛，仍左右行之。照此每夜行一個時辰（即兩小時）。3個月後將風燈紙色加深少許，位置移至1丈2尺

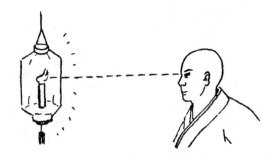

圖43

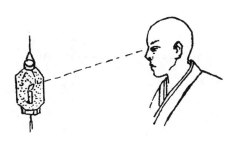

圖 44

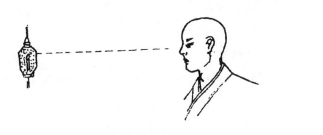

圖 45

至 1 丈 5 尺遠，燈光微暗，仍如前法練習 3 個月。（圖44）

　　7. 慢慢練習，逐日增加，至 1 年後燈燭、燈頭可更小些，外邊可加深燈紙，貼厚一些，距離可由 1 丈增至 10 丈遠，仍然如法繼續練習。（圖 45）

　　8. 燈燭縮小至豆粒大，外邊加深藍色紙，燈色黑暗，距離增至 15 丈至 20 丈，時間可由一個時辰增加至兩個半時辰。至此時如果如法練習不斷，功夫將驟長。（圖 46）

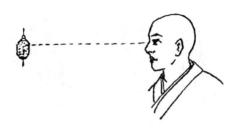

圖 46

　　到這一步便可在黑夜之中辨物，能在 10 丈以內辨人面目，羅漢功法就算大功告成。注意練習時最好每日飯前食白煮羊肝少許，以資內壯。

【功法略解】

　　1.羅漢功屬嵩山少林寺正宗七十二藝的內壯功法，是一種專練眼神的功法。

　　2.少林拳譜云：「百拳者，諸家之拳也，以眼為尊，謂精神巧妙全在眼上。如天空之日月，凡直、橫、斜、正、跳，無不照射於人。」在戰場對敵搏擊時，或開合封閉，或虛守實發，或蹦高跳矮，全靠眼神定奪，故前人曰：「由諸心中，而發於諸手眼為尊焉。」

　　因此，人們常把眼比喻為人體的「偵察之官」，「拳似流星眼似電，腰似蛇行腿似鑽」，「眼隨手來轉，步隨身來移」，「一打眼，二打膽，三打手腳快與慢，四打身形似活龍，五打招勢玄又玄，六打兩耳聽八面，七打妙計出心間，八打強敵倒下盤」等等，完全靠眼的觀察來決定其它的各種打法，所以說：「目為七竅之一，光明定能視見。可納出山

川之法，毫芒微小細看。悉知雲霄之高，泉沙深盡可變。光明盡皆可及，萬物勤視察觀。」說明眼法在少林武術中是不可忽視的功夫。

3.拳家言：「視敵肩和臂，知敵進與退。見敵偏其左肩，知敵先發右足；見敵偏其右肩，知敵先發左足。各有心得之處，總以心定神清，用尖銳之目光，視敵眼部為主，則合諸察之長；神傳意合，攻擊避讓，不失良機，則已得其技擊之要旨。」又言：「爭場之上，耳聽八方，眼觀六面。目光如電，視敵意向，見縫插針，乘機而起。」

世間拳術名家，視敵左肩一掄，即知其必發右腿。敵右手一揚，即防敵發左拳。雖敵能時時轉變調換，但也早有所料。望風觀色，見景生情；知彼強勁，我走偏門，我較彼強，必走洪門；觀其眸子，彼注我左，防其左攻，彼注我右，防其右攻；張口之拳，其勁必鬆，閉口之拳，其勁必足；左腿在前，防其右足，右足既來，謹防左足；搖頭晃膀，非拳即掌，低頭彎腰，下盤來招；敵如虛閃，發招連貫，敵如虛掃，必要逃跑。此各種變換，皆靠眼能明察一切，說明眼法在人的精神上，臨陣應敵中具有重要作用。

故歌訣曰：「攻擊防禦拳，眼是偵察官。與敵一交手，二目要滾轉。對方動與靜，眼官靈敏變。觀其何以來，制敵則不難。我眼視敵竅，犯敵難逃跑。二目如閃電，打閃穿針線。大小玄妙手，難以占我先。」

4.在行動時，視覺為產生感覺的前哨。因為眼是通過神經，把看到的所有萬物傳送給大腦，大腦再經過思考再做出反應和決定。因此說，眼明手快的「眼明」，就是說明視覺分辨物件的能力強。練習「羅漢功」，由於經常眼肌張馳，

61

血液循環暢通無阻，新陳代謝大大增強，供給的營養成份增加，視覺變得更靈敏。

此外，透過眼神的貫注，還有助於精神集中，心神不亂。

少林功夫中眼功的練習法有羅漢功、數樹葉、視日月、盯清泉、看香頭等。在眼功的使用上各派各家還有所不同，關中派講：如與敵交手，宜先用眼光注其肩窩；洛派則講先以眼視敵之胸膛；北派則講視敵手尖或器物之端，須先凝注；川、黔、湘、楚等技擊家，則講以己之眼光注視敵之眼光。這些方法都各有其精妙自得之處，應融會諸家之長，而以銳利為要。

5.少林拳譜言：「此眼法在普通人，必須下苦功始成。」緣當初練習武術之旨，皆以先練眼功為要，使其在黑夜中能辨細微之物，即眼功已成。此功成後，不但利於夜行，還可在水內睜眼，非習此功不可，故江湖有「棗子（眼睛）練得精，比武占上風」之語，棗子即指眼珠而言。

少林高僧恆林大師曰：

> 頭為軍中帥，眼為先鋒官。
>
> 衝陣眼先行，主帥做中營。
>
> 二目報軍情，元帥判輸贏。
>
> 將帥主意同，馬到可成功。

十、鐵頭功

歌訣曰：

> 頭為全身之首領，諸陽之會聚其中。
>
> 練成肉頭硬如鐵，撞破頑石萬千層。

練　法

1.用厚棉巾包頭，或者用棉帽也可以，裡邊放1～2層軟鐵皮，帶在頭上，向磚牆碰撞。每日習練幾十次至幾百次，甚至千次以上，逐漸增加，由輕到重。練習時要提元氣充於腦，初撞時不要用猛力頂撞（頭蓋骨因為初練不堅，最容易出現損傷，所以要用棉巾包頭，或者墊軟鐵皮最為適宜）。隨練習時間長久，慢慢換成薄棉巾或薄帽，去掉軟鐵皮。（圖47）

圖 47

2.頭上包薄布或薄帽，向磚牆頂撞。練時需冥心靜氣，掃除雜念，腦海如外界大自然，常稱之為「修心養性」，然後練功，則不難臻於佳境。再經過一段時間的苦練，可以慢慢除去棉布薄包巾撞牆。（圖48）

圖 48

3.頭上去掉薄布、包巾或薄帽，光頭向磚牆上頂撞碰擊，初撞時感到頭痛，練至日久時逐漸不覺疼痛，頭硬可與磚頭相比。接著再頂撞石牆，進一步再頂撞

圖 49

鐵板而不覺疼痛，需 6 年精心修煉，才能全功告成。（圖49）

此種功夫並不稀罕，江湖賣藝之流也多有習之，如「油錘貫頂」等就是此鐵頭功。這也是自衛防身之術，習之定有益處。

【功法略解】

1.鐵頭功為少林正宗七十二藝的硬功外壯功法，屬於陽剛之勁，又兼內壯之氣，是一種專門練習人體頭部的硬功法。

2.少林拳譜云：「頭為一身之首，頭圓像天，又似紅日，諸陽之所會也，儲精髓之大海，統帥全身之氣血，陰陽入扶，全在於此。此首一合，則全身之氣血俱合；此首不合，則全身元氣血俱失。」醫家云：「頭為骨髓之海，並且為君主之官。目光視之，耳朵聞之，手起之變，足落之穩，無一不發於君師之令，而達至兵率營伍之中。」因此，人們把頭比作人體的「總指揮部」。

少林拳譜歌訣中云：「頭打起意站中央，足手齊到人難防。」就講了「頭」（大腦）的統帥作用。少林拳訣中要求頭項要穩，心平氣沉，也說明了「頭」對於身體姿勢和動作的作用。故拳譜曰：「頭像天合卦屬乾，仰俯側正自天然，可陽可陰皆從此，陰陽入扶非等閑。」

3.少林功法中把「頭」作為全身各部的首領，除了強調頭部是直接關連到整個人體的精神、勁力、靈敏、速度、變化等各個方面的關鍵所在，又說明了頭部在實戰技擊中有著獨到的撞碰頂擊作用。在進攻對手的面部、肋部、腹部、胸部、背部等要害部位時，使用頭擊之法更可以發揮出特別的

威力。如少林技擊術中「老和尚撞鐘」的仰首擊面、「頭撞金鐘」的擊胸、「金雞啄食」的擊背、「仙人扣頭」的低頭擊後腦等，完全用在轉眼一瞬間，是重創敵人的玄妙技法。少林拳諺云：「含於尾閭，發於項梗，是為整勁。」「總指揮部」在戰爭中閃電般的出擊，常可以敗中取勝。因此，練習頭上功法的確有技擊的實用價值。要精意磨練，銳意苦修，方可肉頭變鐵頭之硬。

4.頭上的主要結構由顱腦部和面部組成。顱腦部是腦殼所在，內有腦子，外有顱骨。顱骨是由內外兩層骨密質，中間夾著一層骨鬆質所組成的，顱骨外面包繞著一層堅密的纖維組織，好像帽子一樣保護住頭顱，醫學上稱之為「帽狀腱膜」。在長期的「鐵頭功」功法練習中，頭部的結構和功能經過一番創立和重建，頭皮也逐漸增生肥厚，頭上表皮層的韌性和真皮層的彈性能得到進一步的增強，額部肌也隨之發達肥大，緊張度也大大提高，頭上的帽狀腱膜和肌腱在長期的撞碰刺激下，漸漸變得堅韌、厚實和致密，顱骨內、外板不斷增厚，變得非常堅硬，從而提高了頭部對外界暴力襲擊的適應性，加強了頭部的反作用力，並增強了本身的防護和技擊功能。

65

少林高僧洪溫禪師善鐵頭功夫，到年 80 多歲，還能頂起 340 斤石頭走動，氣不噓喘，能頭撞石碑分成兩斷，被稱為「鐵頭羅漢」。

5.少林拳家有言：「功夫之最深者，頭堅如石，觸石立碎，觸鐵板也能深陷，功法無敵。」若用拳法中之頭勢去撞擊敵人，撞之當場立斃。鐵頭功分為頂門、前額、後腦 3 個部位，雖然用外壯力量堅強其筋骨，也須運身內之力與氣，

圖 50　　　　　　　　圖 51

氣與神充滿腦房，互相為用，殆克有成。否則徒恃外壯之力
氣而無有內壯之勁，則雖有成，也屬下乘之功。

少林高僧湛舉法師曰：

鐵頭功法須持恆，平心靜氣苦用功。

若想堅硬破鐵石，寒熱溫涼熬十冬。

十一、四段功

歌訣曰：

托天提地理三焦，五勞七傷往後瞧，

推窗望月去火心，招空打空力不勞。

練　法

第一段：托天提地理三焦

1.足立八字，身軀挺直；兩臂自然下垂，兩掌心向內，
掌指向下；目視前方，微含怒容。（圖 50）

2.兩足原地不動，身直立；兩臂在兩側慢慢上抬，兩掌

圖52

圖53

圖54

向左右平伸，掌心向前，掌指向外；目視前方。（圖51）

　　3.上動不停；兩掌繼續在兩側徐徐畫圓，上舉於頭上方，掌心向前，掌指漸向上；目視前方。（圖52）

　　4.上動不停；兩腳原地不動，兩手在頭上屈腕，掌心向上，掌指相對；目視前上方。（圖53）

　　5.兩腿不變；身體上半部徐徐向前，彎腰向下至兩掌撐地為止，腰愈下愈妙；兩掌心向下，兩掌指互相交叉下按；目視兩掌。（圖54）

　　6.身體上半部再慢慢向上直立；同時兩手由下經身前上舉於頭上，再徐徐向兩側環弧下落，至恢復成原直立姿勢為度，惟動作越慢越好，不可快速。在做動作時，始終要保持兩腿挺直，不可稍屈。

第二段：五勞七傷往後瞧

　　1.兩足八字站立，身軀挺直；兩臂自然下垂，兩掌靠近兩大腿外側，掌心向裡，掌指向下，頭向左轉；目視右腳後跟。（圖55）

圖 55　　　　　　圖 56　　　　　　圖 57

2.兩足原地不動，姿勢不變；頭部慢慢轉回，目向前視後，再徐徐向右轉動，直至目視左腳後跟為度。然後再慢慢收回，轉為目視正前方，仍成立正姿勢。（圖56）

此動作須慢慢行動，不可快速。無論左轉或右轉，身體須保持正立，身不動，肩不斜，上下協調一致。

第三段：推窗望月去心火

1.兩足向兩側開立，兩腿屈膝半蹲成馬步；兩掌握拳屈肘抱於腰間兩側，拳心斜向上；目視前方。（圖57）

2.以兩腳掌為軸，向右轉體90°，右腿屈膝，左腿蹬直，變為右弓步；同時右拳變掌，向前推成正立掌，掌心向前，掌指向上；左拳變勾手，反勾於身後左側，勾尖向上；目視右掌。（圖58）

3.以兩腳掌為軸，向左轉體180°，左腿屈膝，右腿蹬直，變為左弓步；同時左勾手變掌，反腕向前推，成立正掌，掌心向前，掌指向上，右手變成勾手，反勾於身後右側，勾尖向上；目視左掌。（圖59）

圖 58 　　　　　　　　　　圖 59

4. 以兩腳掌為軸,體右轉 90°,兩腿又變成馬步;左掌和右勾手變成拳,抱於腰間,恢復成為(圖 57)姿勢;然後再收回變成立正勢。

此動作中的馬步要挺胸,身不可向前傾。兩拳要握緊,在變成弓步時,要形如鋪地錦。推掌時要猛力推出,勾手向身後勾摟,要與推掌協調一致,更要隨兩腿和身體相配合。

圖 60

第四段:招空打空力不勞

1. 兩足左右分開,兩腿屈膝成馬步;兩手屈肘握拳,抱於兩肋下前側,拳心向上;目視前方。(圖 60)

2. 兩腿保持馬步;右拳向前直臂沖出,拳心向左;左拳仍抱腰間不動,拳心向上;目視右拳。(圖 61)

3. 右拳變掌,張開向後摟,如抓物

圖 61

69

之勢，猛力向後收，屈肘變拳抱於肋下腰間外側，拳心向上；同時左拳向前直臂擊出，拳心向右；目視左拳。（圖62）

圖62

4.左拳再變掌向後抓，屈肘變拳收抱於腰際，拳心向上；右拳再直臂向前猛力擊出，拳心向下；目視右拳，動作同（圖61）。

5.如此反覆沖擊抓拉，以兩腿酸麻無力為止。然後左足收回成立正勢，此為「抓空打空」之謂矣。

【功法略解】

1.四段功是中嶽嵩山少林寺正宗七十二藝內外功夫中的基本功法，與羅漢十八手及八段錦、金剛延壽功等少林功法有異曲同工之妙。

2.第一段功中的「三焦」是上、中、下三焦的合併名稱，主要是用於人身各部位的區別劃分，即橫膈的上部名為「上焦」，包括心和肺；橫膈的下部至中臍名為「中焦」，包括脾與胃；中臍的下部名為「下焦」，包括肝、腎、大腸、小腸、膀胱等。因為三焦是通行元氣和運化水穀的主要道路，有主持諸氣、統領人體氣化的作用，所以少林童子功、羅漢十八手、金剛延壽功、八段錦和四段功等，完全都是從「理三焦」開始練習的。

3.對於練習此功法的「基本要點」，少林拳譜中言道：「四段功法雖短，然練習時，非澄心靜氣，斂力專神不為功。」練習時須自然呼吸，不可使氣，也不可屏氣。使氣過

度則造成氣竭，屏氣甚則傷氣，需要平心靜氣以運行出進也。雙手上托時，要力達指端；兩手按地時，不要用力太猛，以免損傷腰腎。

各種動作都要緩慢有力，切勿急進，勿求速效矣。因為練功時興趣愈增，練習即愈勤，而效果則亦著，且不占地面而易得良效，其方法之簡便，其理至深也。練成以後，能強壯體魄，並為習拳技練功法打下有利基礎。

4.注意事項：

（1）練功地點宜選擇在空氣新鮮、清明亮潔的肅靜室內，切不要當風練功。

（2）遇疾風、暴雨及雷電等惡劣氣候時，必須停止練習。

（3）每日早（即早5～7點）、午（即中午11～13點）、晚（即晚間17～19點）3個時辰行功3次，不可間斷，也不可隨意增加或減少行功次數。如果有事也不可耽誤，但中午的練功時間可提前或後拖，何時練習皆可。早起空腹行卯功，日落餐前行酉功，切記本功應空腹練之，使氣得以在臟腑順利流通，否則容易出現氣滯而致傷殘。

（4）行功之間不可用拙力，一切都要自然運行。

（5）練功時候，無論有無病症，都不得服藥，如服藥則氣滯。

（6）在行功初練的3個月內，須戒酒色。如果身體虛弱者，還應根據情況延長時間，方可見效。

（7）此四段功法如能持之以恆，刻苦研練，則可延年益壽。

少林高僧志剛禪師曰：

圖63　　　　　圖64　　　　　圖65

軟硬相合四段功，練拳習技功先行。

精意研練為根本，延年益壽不老翁。

百歲少林武術大師郭慶方曰：

四段功法延壽年，子午晨昏莫休閒。

身體強健療百病，自在消遙過百年。

祖師若不傳絕技，百歲那能賽童年。

十二、鐵布衫功

歌訣曰：

鐵布衫法是苦功，木槌擊打鐵槌楞。

練得通身堅如石，不怕棍棒和利鋒。

練　法

1.先用軟布條捆好胸背，多圍幾周，紮結實。然後用手著力擦摩。（圖63）

2.馬步站穩，小臂屈肘內收架於兩肩外側，再伸屈收回，不斷屈伸，做胸部開合之狀，最後收於兩肩外側。（圖

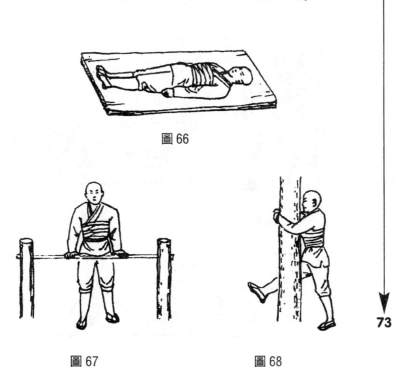

圖66

圖67　　　　　　圖68

73

64）

　　3.馬步站穩，兩臂向兩側伸直，向外漲力，屈回再伸
開。（圖65）

　　4.到夜間可用木板為床（榻），使骨骼與堅硬的物體相
接觸。日長天久，漸漸骨骼肌肉便練得結實堅硬。初練時痛
苦，習之既久就不疼痛了。（圖66）

　　5.立鐵槓於庭前，下挖淺坑一個，鋪上尺多厚的細沙。
每日早晨，在槓上練習各種不同姿式，如上槓盤折、撐臂
等。（圖67）

　　6.在木柱上邊盤、抱、摟、打擊、踢碰等。（圖68）

圖 69

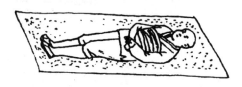

圖 70

圖 71

7.繼續施靠、貼、外抱、腿盤等練法。（圖 69）

8.睡在沙裡，仰臥式練習。（圖 70）

9.躺在砂裡，俯臥式練習。肩、胸、腹、臀部可以向砂中跌撲，使上身各部都接觸砂。練習 5 年後，將纏繞的棉布條去掉。（圖 71）

10.去掉棉布條後，可以用木槌打身體。初擊疼痛，時間久了就不痛了，要繼續鍛鍊。（圖 72）

11.木槌擊打一段後，知道身上結實，再換鐵錘擊打身體，並用氣凝神練力以輔助之，練後身體柔軟如棉，鐵布功即告成功。（圖 73）

圖 72　　　　　　　　圖 73　　　　　　　　圖 74

12.用鐵刀砍身體，則全身堅硬如石，雖刀斧而不能傷其身。但對大兵器必須謹防避之。（圖74）

【功法略解】

1.少林鐵布衫功是少林正宗七十二藝中的硬功外壯功法，屬剛柔相濟之勁，是專供練習人身各部肌肉的重要功法。

2.少林鐵布衫功，在少林武術技擊中具有防守和抗擊打作用。所謂防守，則是防止敵方損傷我全身，敵想用拳腳踢打，則無濟於事；用棍棒打擊，也不傷我身體；用刀砍也可避之。如果我反攻對抗敵人，觸敵則傷筋動骨，貼敵則致其內傷，撞敵迫其倒地。鐵布衫功是鍛鍊武功的重要功夫，少林寺僧人歷代都有練習此功著名者，如唐代的靈隱、圓靜，宋代的洪溫、福湖，元代的智聚，明代的了真、悟產、廣順，清代的真珠、海潤、湛可、湛化、寂亭等都精此功法。

3.對於練習鐵布衫的要點，少林拳家有言在先：此功夫又稱「金鐘罩」，並非輕易可以練成。沒有一定的恆心，是不會見成效的，只有精心研練，廢寢忘食，才能見成效。

75

少林高僧真珠曰：

> 鐵布衫功並非凡，子午晨昏不休閒。
>
> 若想練成金剛漢，眞功苦下二十年。
>
> 祖師秘傳練在身，雲遊乾坤樂無邊。

附：鐵布衫藥方

番木鱉9克、自然銅9克、無名異9克、乳香9克、朱砂6克、杜仲18克、猴骨（醋炙）30克、五加皮30克、棉花根60克、胡椒60克，共研細末，用好酒沖服。練功前服用，每次1.5克。

【功效】：有強筋壯骨，堅實皮肉之功效。

十三、雙鎖功

歌訣曰：

> 雙鎖功法互撞碰，臂腕掌指對衝鋒。
>
> 反臂擊打兩大腿，練成四肢賽鐵銅。

練　法

1.用兩小臂反、正、左、右在一起互相碰撞擊打，隨時隨地都可以鍛鍊。開始時也疼痛難忍，逐漸碰撞至不疼，持久練習，則筋肉堅實，不但不覺痛苦，而且相撞時竟沙然有聲，第一步功夫成功了。（圖75）

2.兩隻手腕部反、正、裡、外在一起互相撞碰擊打，與碰臂法一樣，練至不覺疼痛，仍繼續撞擊。（圖76）

3.兩掌在一起互相碰撞砍擊，反、正、左、右互相擊打碰砍，有時也可變拳，在一起互相擊打互相撞砸，直至兩拳或兩掌練習至不覺疼痛，仍然繼續砍碰擊打。（圖77）

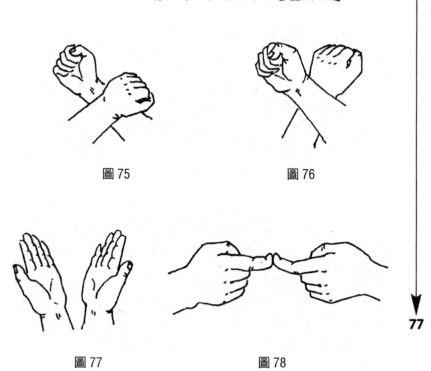

圖 75   圖 76

圖 77   圖 78

4. 兩手指伸直在一起互相碰撞頂擊，有時獨伸一指，有時兩指，俟至聲隆時，仍繼續鍛鍊，則第二步功夫成功了。（圖78）

5. 左大腿提起，右腳站立成獨立勢；用右小臂反擊左大腿前面、外側、裡側、後面；再用左小臂擊打左大腿前、後、裡、外四面和右大腿前、裡、後三面。初覺疼痛，逐漸習之日久，不覺痛苦，繼續苦練。（圖79）

圖 79

6.提右大腿離地，左腳站立成獨立勢；用左小臂反擊右大腿前面和外側、裡側、後面；又用右小臂擊打右大腿前、後、裡、外四面和左大腿前、裡、後三面，練法同上法一樣。再以兩臂與腿互相撞砸顛倒碰擊，至皮肉肌膚柔軟為止，仍繼續練習，則功夫成了。（圖80）

圖 80

與敵赤手交戰，敵用器械擊來，兩臂兩手相撞，可隨時拿下敵人武器；敵手擊來，我兩手兩臂互相撞擊，敵臂即折，是防身之妙法。要自始至終，練至5年苦功即成，但是不可間斷，更不能忽冷忽熱，要學而不倦，銳意進修。

附：練後強筋、壯骨、活血、散瘀、消毒秘方（少林壯筋活血湯）

乳香、沒藥、威靈仙、木瓜、紅花、川烏、草烏、虎骨、當歸、秦艽、大曲、赤芍、牛膝、骨碎補、續斷·延胡索、紫石英、絲瓜絡各6克，地荔子、落得打各3克，桑寄生2克。

以上21味藥，用水煎湯，洗手洗兩臂，擦洗兩腿，要在練習後先摩擦後再洗。洗後切忌風吹。

【功法略解】

1.雙鎖功是少林正宗七十二藝中的硬功外壯功法，屬於陽剛之勁，是專練手臂和大腿的主要功法。

2.拳譜云：「兩手不離懷，神仙進不來。」指出兩隻手掌或拳及小臂部，只要能筋骨肌肉練成為一體，就不怕敵方

進攻，而且既可防守自身不受損傷，又能隨時隨地挫敗擊向我的來犯者。

　　3.在實戰技擊時，雙鎖功不但有防守的威力，而且有隨時進攻運用自如的手法去搏擊敵人。如纏拿敵手腕，纏之敵則難脫手；敵來手襲擊，我用掌劈敵則骨折筋斷。練習雙鎖功法對少林武術技擊應用有著重要的作用。

　　4.對於練習雙鎖功的基本要點，少林拳譜有云：此功若精習之，可空手破白刃。兩臂滾動相接，勝如剪鍘刀。並且最易練習，子午晨昏時刻，四時勿鬆勿懈，朝朝勤備刻苦，自入高深境界。必須要十個春秋，方可永遠成功。

　　少林高僧湛剛法師曰：

　　　　雙鎖功，非等閑，掌拳指腕小臂顯。

　　　　相撞碰，互砸砍，左右前後上下翻。

　　　　經酷暑，耐雪寒，應用自然有效驗。

十四、上罐功

歌訣曰：

　　　　上罐功法要持恆，上升下降雙手撐。

　　　　罐內加重晨夕行，百斤靈便功自成。

練　法

　　1.用帶雙耳的小罐一只，以短繩繫罐兩耳，再用一長約3～4尺的棉繩，一端繫於短繩中間，另一端繫在一圓木棍上。木棍長1尺2寸，粗約一握，以棗木製作為佳。木棍外廓宜刻有棱，不宜平正，在木棍之正中央處鑽一個對穿的小洞，繩頭即在洞中穿過，然後緊縛木上。小罐重約6～7

圖 81

圖 82

斤，以鐵沙數斤貯於其中初練時罐及內容物共 8 斤重。

練習時足站馬步，上身挺直，或者足立八字，身體直立，兩手各握圓木棍的一端，將罐懸空提起，雙臂伸直在胸前，高與肩平。兩手虎口相對，掌心向下，待罐穩定，兩手分死、活把將木棍漸漸向內旋轉，使棉繩漸漸纏繞圓木棍中部，罐隨之上升，直旋至棉繩全纏盡。略停片刻，再緩緩放開下降，如此上下升降 30 次。每天早晚練習，3 個月至 5 個月為一個段落。（圖 81）

2.朝夕練習，重量日增，練習 3 個月時可以加沙 3 兩，行功次數可漸漸增加，繼續鍛鍊。3 月後再加鐵沙半斤，以後每練 3 個月可加鐵沙一次。加至連罐共 15 斤重時，上下運轉自由，仍然刻苦不停地練習。（圖 82）

3.逐漸增至 28 斤重時，能上下自由旋動，運轉如意。仍然不可間斷，更要日夜奮鬥，蒸蒸日上。（圖 83）

4.罐連沙共加至 40 斤重時，兩手旋轉上下，運用自如，其懸勁即大半成功。仍不可中斷，要苦苦追求，漸漸增加練習次數和重量。（圖 84）

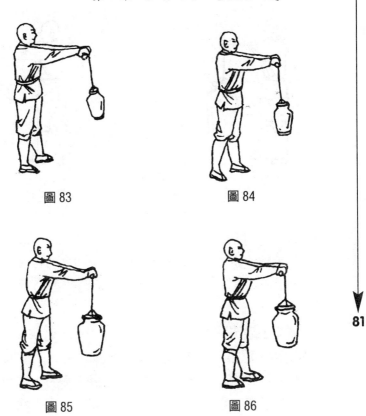

圖83

圖84

圖85

圖86

　　5.小罐可換大罐連鐵沙漸漸增至55斤，仍然上下練至靈便自如，還要繼續奮鬥加功鍛鍊。（圖85）

　　6.大罐連鐵沙共加重至75斤時，若能上下旋轉自由，此功更進一大步。有時也可站在高臺上，把繩放下5～7尺，如能旋轉上下，靈敏自如，說明進步神速。（圖86）

　　7.大罐連鐵沙逐漸增至85斤時，再兩手旋轉上下自由，仍要前進不停。也可兩腿以馬步站在木椿上，放長繩5～8尺，漸漸旋轉升降，上下靈活自如，即兩手握力已非

圖 87　　　　　　　　　　　圖 88

同一般。（圖87）

　　8.大罐連鐵沙總共增加至100斤，即大功告成。初成即3年，中成即6年，大成須10年，此時雖握力無比，但仍不可間斷練功。（圖88）

　　附：上罐洗手藥方

　　川烏、草烏、乳香、沒藥、鐵腳威靈仙、木瓜、西紅花、川當歸、虎骨、秦艽、六曲、牛膝、赤芍，骨碎補、延胡索、紫石英、雞血藤、勾藤，絲瓜絡各6克，地荔子、落得打各30克。

　　以上21味藥，用醋6碗、水6碗，煎至8碗。每日練功以後先擦後洗，用3次後可以加醋和水，再煎再用，一劑藥可煎用7遍，用21次，頂多可煎10遍，水用不了不要扔掉，可用30次。

　　【功法略解】

　　1.上罐功為少林正宗七十二藝的硬功外壯功法，屬陽剛之勁，是專供練習兩手臂部提握耐力的功法。

　　2.上罐功在技擊上起著重要作用。拳家言：「握拳如卷

餅，出掌如瓦壠。」是說握拳時要有力，而這種力量由練習上罐功才可以得來，如遇敵方互相纏握手時，可單手用力旋握敵手，敵即疼痛難忍。如用少林擒拿法抓住敵手時，敵即難以脫逃。

3.對於此功法的基本要點，少林拳譜有言：此功是少林寺內歷代弟子用來練習兩臂的懸提功法，提高兩手之抓握耐力，是經常應用不可缺少的一種功夫。

少林貞方大師曰：

> 上罐功是秘傳，在古剎永流傳。
> 眾寺僧苦研練，罐內沙月月添。
> 地下站直立纏，臺上旋樁上轉。
> 兩隻手半空懸，臂力加握力顯。
> 大成功要十年，擒敵人不費難。

十五、石鎖功

歌訣曰：

> 石鎖功夫最易成，由小變大重量增。
> 每天常舉數百次，兩臂大力擒虎龍。

練　法

石鎖形狀與尋常之銅鎖相似，有簧有殼，但無投匙之孔。以麻石或青石做成，小者十幾斤，大者至百五十斤不等，此功初練時可專練提托。先以一手提其簧，提至胸前，折腕向上舉，頻作升降，以練臂之實力。然後再握鎖由下向前平提，或向旁側平提，提至鎖與肩平為度，以練臂之懸勁。基礎既立，則進而練習翻接盤腰等法。

翻接即提鎖翻起，猛力向上拋起而脫手，使石鎖在半空中翻一個身，或者翻兩三個身而接之。其轉身之多少，要看練功者的臂力大小而決定。

初入手時不需要多轉，以免受損傷，到功夫練到一定程度時，自然熟能生巧。待石鎖轉落至身前時，即可舉手抓住鎖簧，可乘勢連續翻接數次至數十次。在身前接轉拋熟後，可慢慢轉於兩旁側邊翻接。側邊翻接純熟後，可練習頂鎖之法。提鎖向上拋起，待鎖下落時，以拳頭頂住鎖底居中處。停留拳面片刻，再撒手使之下墜，從上面用手迅速搶接其簧，再拋再接。初時拳頭頂，再以手背頂，小臂頂，肘節頂，手指頂，其法大致相同。

頂鎖技術精熟之後，再練習背花。背花有左有右：右背花以右手提鎖，從右側腰後向左肩處上拋，略扭身向右，而從左肩前方接鎖；左背花則相反。練習背花時切不可用力太猛，身後腰肋各處要時刻小心留神顧注，以防自損其身，務須手到眼到，手眼相協調。

背花純熟後再練習盤腰，右盤腰則右手提鎖，從右腰後邊轉向左肋之處拋出，再向左旋身接鎖，然後再練左盤腰反之即可。其餘仍然可以背花以頂接之，及盤腰後頂之，練功者可精心參酌而練習。

以上各種方法純熟後，則可換重一點的石鎖，逐漸增加，天天磨練。自 10 斤開始練習，至 70 斤時，則臂可有 300 斤實力。練習時以兩手交替互換練習，不要只練習一手，這樣會成死手。此功夫見效很快，少則 3 年，多則 6 年，如練習 10 年則力大無窮。詳見以下圖解：

1.提石鎖離地，提上平肩，再放下。（圖89）

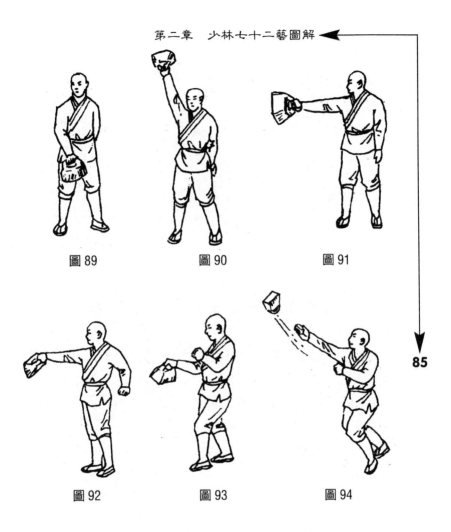

圖 89　　　　　　圖 90　　　　　　圖 91

圖 92　　　　　　圖 93　　　　　　圖 94

2.舉至頭頂，收回再舉，來回數十次。（圖90）

3.側平展與肩平，來回推拉數十次。（圖91）

4.向前平舉，來回拉推數十次。（圖92）

5.提石鎖向前與肩平高，稍停片刻。（圖93）

6.將石鎖撒手拋向空中，使石鎖在空中翻個身向下落。

（圖94）

圖95　　　　　　圖96　　　　　　圖97

7.石鎖翻轉身下落於身前方時，用手接抓住。（圖95）

8.石鎖拋起翻身下落於身後時，用手迅速搶抓住。（圖96）

9.石鎖拋起空中，在下落時用拳頂接石鎖底部中心處。（圖97）

10.石鎖拋向空中，降落時用手臂頂接石鎖於手臂處。（圖98）

11.石鎖拋向空中，向下降落時，用肘節向上頂接石鎖。（圖99）

12.石鎖拋向空中，在向下降落時，用手指尖頂接石鎖。（圖100）

以上各種頂接法，如果能反覆頂接，即頂接後用頂接部位向上頂拋石鎖，下落時再用原來的部位頂接住，來回多練幾遍更為速效有力。

13.從抓提舉石鎖15斤重開始（圖101）逐漸練習；石

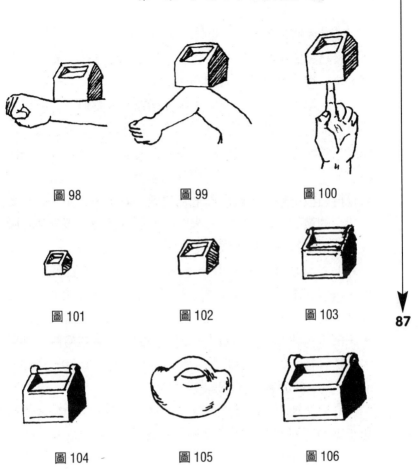

圖 98　　　　　　　圖 99　　　　　　　圖 100

圖 101　　　　　　圖 102　　　　　　圖 103

87

圖 104　　　　　　圖 105　　　　　　圖 106

鎖增至 30 斤（圖 102）再逐漸鍛鍊，日增重量，至石鎖重
50 斤（圖 103）；漸漸練至數年後，至石鎖增加 75 斤（圖
104）；經持恆苦練，石鎖慢慢增至 100 斤（圖 105），再
增至 105 斤（圖 106），仍然運轉自如，輕鬆靈活，即大功
告成。但仍然要繼續苦練，不可忽冷忽熱，更不可中斷。中
斷練習，功夫將明顯消退，前功盡棄。

【功法略解】

1.石鎖是少林正宗七十二藝中的硬功外壯法，屬陽剛之勁，是一種專供練習手臂部的功法。

2.石鎖是用石頭製成的鎖狀武術器材。相傳我們的祖先很早以前就用石器對付野獸的侵犯，以後歷代武將兵士，常以舉石鎖、志石等練習武功。江南水鄉有不少船民經常生活在水上，一旦遇上賊盜，他們就用船板當作對敵的武器，後來覺得船板不順手，就漸漸把它變成為木鎖。石鎖是由兵士練功用的鐵鎖、木鎖變化而來的，經歷代流傳，被少林寺吸收進來，變為石鎖功，供眾僧研練。

3.石鎖功在少林武術技擊擒拿等術法上，有著重要作用。可以使兩手腕及臂部增加抓握和甩舉旋轉的功力，並可練習拳肘指的力量。抓拿敵人時，抓之則敵難逃脫；肘擊敵人，則重傷致殘；指點敵人，則疼痛欲絕；拳接敵腕，則臂即筋斷骨折。如果150斤的石鎖能運用自如，單臂一揮即有500斤以上的力量，無以匹敵。

4.對於練石鎖的基本要點，少林拳家有言：此功專練兩隻手臂的提掖力量，其功效不次於鐵珠袋功法。

少林寺如淨師太曰：

> 石鎖功法最簡便，幫助窮苦濟貧寒。
>
> 窮家練功舉石擔，不誤忙碌種田園。
>
> 寺僧參禪兼苦練，保護古剎和家產。

十六、鐵珠袋

歌訣曰：

> 鐵珠袋法是硬功，單手拋起在空中。

圖 107　　　　　圖 108　　　　　圖 109

　　二人對甩似流星，上下翻飛隨時應。

　　練到手臂通靈處，抓甩敵人如拔蔥。

練　法

　　鐵珠袋是先用數層粗帆布疊縫成正方
形的布袋，再加粗線縫合牢固，內裝鐵砂
子。輕者 10 斤重，最重者 120 斤，小大
不等。

　　1. 初練功者用不超 10 斤的鐵珠袋練
習。（圖 107）

　　2. 以後逐漸增重，至 20 斤。（圖
108）

　　3. 用於練功者練習時，逐漸增加鐵珠
袋的重量至 35 斤。（圖 109）

　　4. 經久苦練，逐漸日增重量，使鐵珠
袋增加鐵砂重至 55 斤。（圖 110）

　　5. 練功者每天甩接或對甩對接，漸漸
加重鐵砂子的份量至 80 斤。（圖 111）

　　6. 經數年的持恆苦練，銳意苦修，終
使鐵珠袋的重量加大至 120 斤。而甩抓運

圖 110

圖 111

89

轉，前後左右、上下反正，旋翻接搶，抓掇自如，即大功告成。至 120 斤時，仍要前進不可中斷。（圖 112）

7. 二人對面站立，對擲扔接砂袋。可以搶接，兩手互換對接。或側身對立，當中相距約 2～3 丈遠，先用上手抓住布袋正中央處，提至右肩前，再向側擲出，奔對方而去；下手人見鐵珠袋飛來時，宜側

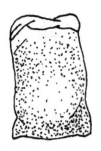

圖 112

身讓過砂袋，使袋飛至肩前，出手從身後搶接；接時要抓袋的正中心處，可練習指力。

初練時難以抓住，時間既久，則應手而抓住，更不需停頓，迅速擲回；上手人照樣接之，來回復返，互相甩擲接抓，數十次以後再另改方向，換左手擲甩。這樣兩手互換甩抓，二人力量要相等，高矮長短要相當，否則會使弱者多勞累吃力，力量高低相差，有時會使弱者受損傷。初練不可貪重，要由輕到重，由少至多，慢慢增加，8～10 年可告大成。（圖 113）

8. 單人獨擲側邊抓袋法：反手抓提砂袋，在側邊提住；單手擲出在側邊下落，用手從上向側方下搶抓住砂袋中心，提著不許落地。（圖 114）

9. 單人獨自上擲法：用單臂把手中的沙袋擲向空中。（圖 115）

10. 身前反手下抓上提法：把砂袋拋向空中以後，在身前向下降落，至砂袋落至腹前時，迅速用手從上向下搶抓砂袋中心處，抓住後不許著地。（圖 116）

11. 從身前向頭上拋起下落手接法：用單手把砂袋向頭

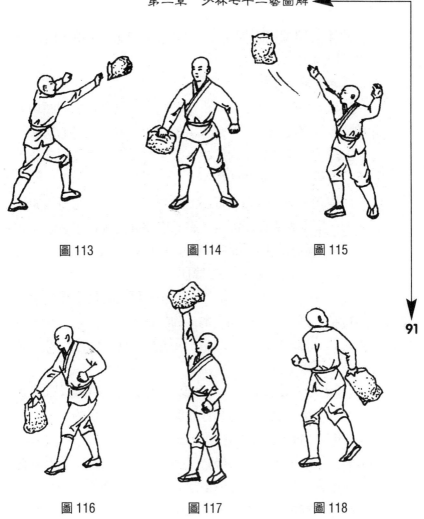

圖113　　　　　　圖114　　　　　　圖115

圖116　　　　　　圖117　　　　　　圖118

上抛起，用手直接迎接砂袋。（圖117）

　　12. 背後反手下搶抓提法：把砂袋抛向空中，使其在身後下落，至砂袋落到後腰時，反手向身後下搶抓，抓住沙袋中心處不準落地。（圖118）

　　此單人獨練反正抓甩、左右抓甩、前後抓甩，時間達
10年即大功告成，得心應手。

【功法略解】

　　1.鐵砂袋為少林正宗七十二藝之中，內外功夫的硬功外
壯功法，純屬陽剛之勁，是專供練習手、臂、指部的功法。

　　2.練習「鐵珠袋」對於少林武術的技擊摔打及擒拿散手
對拆等實戰，有著重要的作用。

　　此種功夫除了練習手臂部的掤勁和擲勁外，還可以加強
指抓力、臂力和手臂的硬度。它的主要好處有以下幾方面：

　　（1）攜帶便利，隨時隨地可以練習。

　　（2）成本低，製作也很簡便。

　　（3）不佔地面，方桌之地即可練習（此是少林武術的
風格特點，有「拳打臥牛之地」的說法）。

　　（4）不要吊掛，不受住房條件的限制，屋裡房外、地
邊野坡都可以鍛鍊。

　　（5）可以雙人練習，也可以數人練習，更可以單人練
習。既可用來遊戲，又可強健體魄，達到鍛鍊目的。

　　（6）不會因失手而碰傷身體（因內裝軟物），比石鎖
的練習安全。練習之前要檢查手指甲，不要太長以免折破流
血；也不要太短，以防創傷指頭肉層和指尖側部。

　　3.在對敵實戰搏擊中，可以抓拿敵人、摔擲敵人。敵從
前、後、左、右、上、下攻來時都可以隨心應手，抓之則
靈；拿之則敵難脫身，拋之即擲出丈外，提之即如平地拔
蔥；裡旋外纏，上下翻飛，左右轉折，無不得心應手，是少
林武術鍛鍊中不可缺少的重要功法。

　　4.對於此種功夫的基本要點，少林拳譜有云：此功是練

掖勁，需要二人對練。功夫練到純熟，可將強敵提起扔擲丈外，令敵難以抵禦。惟練習時，要謹記以下事項：

（1）提起擲袋時，要用掖勁發袋，使袋依我肩外作平行扔出。切忌做甩物或拋物之狀，如放矢之亂擯。

（2）在接袋時，要先讓過胸部，然後從後面搶抓袋腹，乘勢掖出。莫要迎頭接抓，因為迎頭接最易使手腕和手指受創傷；如接袋邊沿和角邊，最易引出偏墜之毛病。

（3）在練習時無論何種步法，兩腳跟要踏實，全身都要用力。不然擲出則身搖不穩，發勁定會減小，使腳步軟弱，身體不實，必然會隨袋轉動，這樣不僅不能見功，反而會使自己受損傷。因此，練鐵珠袋者要謹慎小心。

（4）各種砂袋輕重和距離遠近，無論對練或者單練都要自行選擇，如果無人對練，可以單人練習，按上法持恆苦練，也會自然成才，不會被預定的老匡匡所約束，更不必拘泥於陳舊之法。

（5）練功者不要心情急躁，更不要急於求成疲勞過度，要練得有精神、有聲色，不要勉強疲勞戰術，否則難以成功。練時要平心靜氣，擲時要全身上下四肢相協調，不要有一處鬆懈，這樣才能功法猛進，大見成效，功成後可立於不敗之地。

少林高僧子升禪師曰：

甩珠袋要用力，力之源發於氣。

氣相合力無比，擲砂袋如箭疾。

精神聚合氣力，練功法見神奇。

祖師授切牢記，苦修煉莫心急。

圖119　　　　　　圖120　　　　　　圖121

十七、千斤閘

歌訣曰：

　　千斤大閘重如山，托起大閘並非凡。

　　手托千鈞輕四兩，苦功須練十五年。

　1.身體魁偉，實力充足之人練習此種功夫最為適合。身形矮小，力量弱者，練習此功難臻上乘。在初練此功時，可以空手習之，足站馬步，以兩手上舉於頂門之上，指尖斜向右，掌心斜向上，其勢法與岳武穆八錦段中「托天提地理三焦」類似，以練玄空之勁。（圖119）

　2.空手練習3個月後，即可改用石墩。初練不可托太重的石墩，以托30斤重的為宜。練習3個月以後再換重的。（圖120）

　3.繼續按上法托練，石墩重量增至60斤，勁力和耐力隨之增加。此時仍要繼續苦練，天天增力。（圖121）

　4.苦練半年到1年時間，石墩可增加至120斤。達到上

圖 122

圖 123

托順利自由時，更要繼續苦練，不可中斷或忽冷忽熱。托上時要略做停頓，以增加耐力。（圖122）

　　5.繼續增加重量，直到加至200斤能自由上托，而且能堅持一段時間氣不噓喘時，換閘石練習。（圖123）

　　6.閘石的設置：立兩根巨木為柱，兩柱相對處，可

圖 124

鑿一道極深的槽路，另備長度相當的石板若干塊，每塊200～300斤，甚至1000斤不等。將石板放在槽裡，用索牽著，使石板不致於下溜，放在離地4尺處，即扣住其索。習者蹲身其間雙手向上托舉300斤重的大閘。（圖124）

　　7.練習若干年後仍要慢慢增加負重量，直至能托起500

圖 125

斤的大閘，已足能退百人之敵，力量極其驚人。（圖 125）

8.堅持練習，力量天天上升，直至雙手能托起千斤大閘，俗語所說「兩膀一晃千斤之力」者，即指此托千斤閘。

練習的功效不能按時日而計，要看練功者力量大小而定。此功夫練成以後，不但兩臂之力驚人，就是全身各處，都有相當雄厚的功夫，肌肉堅硬結實，兩足勁力穩固。北方人練此功夫者很多，因為北方人精力充沛，性格豪爽，極為相宜。南方人喜歡靈巧敏捷之功夫，所以練此功者較少。

【功法略解】

1.千斤閘是少林正宗七十二藝中的硬功外壯功法，純屬陽剛之勁，是專供鍛鍊兩臂及兩腿足和其它各部的重要功法。

2.千斤閘功法與舉重不同，它是一種傳統練功方法，一般是做為難度最大的基本功來練習的，是強身壯力和強化武術功底的重要功法。它和石鎖功又不同，雖然都是少林傳統

的武術練功法，但石鎖的練法重點練習臂部的提掀力，千斤
閘則著重臂部上托及全身施力。經過一段時間的練習，可使
全身功力發達，四肢和腰脊功力純厚。

3. 此功在少林武術技擊對拆時有重要作用，拳譜云：
「練成金剛羅漢掌，渾身合下力千斤。若非此身成鐵漢，強
敵那能不近身。任他四周都是敵，將身一晃敵難近。遭著何
處何處重，我也不知功力深。」是說在和敵人搏擊時，只要
雙臂一推，千斤大力就可把敵送出丈外，任敵眾多，雙臂一
推，勢如破竹，如入無人之境，又使敵人無力抵抗。

4. 對於此功的基本要點，少林拳譜言：表面觀此功，是
練兩臂上托之力，其實就是因托重而加固了全身上中下三盤
之功力，無處不致，非其它功法所能。功成之後，仍要保持
練習，不練功力即退，停則前功盡棄。

97

少林高僧洪溫禪師曰：

　　金剛羅漢舉千斤，晝夜修煉苦操勤。

　　兩膀一合千斤力，不怕群敵和惡人。

少林神尼月淨師太歌曰：

　　從師在少林，銳意動心神。

　　力舉鼎千斤，練至功夫純。

　　群賊來犯我，戰場兵來臨。

　　憑四肢全身，合氣力精神。

　　將身只一抖，一筆掃千軍。

十八、鞭勁法

歌訣曰：

　　兩隻小臂朝夕按，雙臂合力似鐵鞭。

衝鋒陷陣無人擋，觸著敵人筋骨斷。

練　法

鞭勁法是專練兩小臂的下壓之力，它和鐵臂功、分水功略有相同處，惟獨在發勁方面，偏重於壓力。在初步練習時，可用上槓方法，就是用兩小臂平置於木槓上，用力向下猛壓，使全身凌空漸漸上升，壓至木槓齊腰為度，更要慢慢下降。如沒有木槓可用較高一點的桌子代替。每天早晚各練一個時辰，每次上下升降 10° 以上，度數要逐漸增加。如兩小臂出現酸疼腫脹時，可以用藥水洗。若是在練功的前後各洗擦一次，作為預防最妙。按此方法苦練一年左右，兩小臂的力量初見功效，然後以木架練習。

98

用兩根圓木豎栽於地上，相距 4 尺左右，上安橫木一棍固定。用兩根繩一邊一根，各吊 2 尺長橫杆一根，繩繫在中心處，在橫杆的外側一頭各吊沙袋一個，兩沙袋的重量相等。當中用一壓杆，兩頭都繫在吊沙袋的橫杆裡側一頭。

練功者在練習時，兩小臂用力上按壓扛，待兩沙袋撬起略停時為度。起初只能壓起兩袋 150 斤重；經過幾年之久，月月增加，壓下兩袋千斤重時，此功已就，前後大約要 5～6 年的時間。到成功後，若敵人擋之，很少有不斷筋骨者。用以禦敵，即使棍棒也不致傷其臂。其力量在兩隻小臂上，好似一對鐵鞭，故名「鞭勁」。平時一舉一動，切要小心留意，如能以鐵皮製一袖籠，外以 1 寸厚的絲棉纏縛，套在兩小臂上，如碰人即可擋遮而不致傷人，更不致有性命之危。具體步驟如下：

1.開始以兩小臂壓按 150 斤重的壓杆，將兩頭的沙袋壓

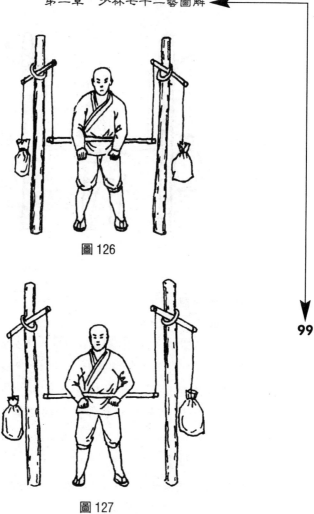

圖126

圖127

起離地，略停片刻。（圖126）

　　2.兩小臂堅持練習，力量日增，沙袋重量月月上升，直至300斤，並可壓起略做停頓。（圖127）

　　3.經過數年苦練，力量漸漸壯大，沙袋重量繼續增加，

圖128

練至兩小臂用力壓起重達 500 斤的沙袋，並可略做停頓。仍要繼續苦練，不可中斷。（圖128）

　　4.要持久磨練，苦下深功，力量天天見長，沙袋月月增加重量，10 年純功，就可壓下千斤重沙袋。此時大功告成。但仍要堅持練習，不可停止，如停止即退步，切要慎之。雙臂有千斤的壓力，不許輕易撞碰他人，以免意外傷人。（圖129）

　　【功法略解】

　　1.鞭勁法是少林正宗七十二藝中的硬功外壯功法，純屬陽剛之勁，是專供練習兩臂的功法。

　　2.此功法在少林武術對抗搏擊中有著重要作用。如敵人來攻我時，用雙小臂擋之，敵則被彈出遠方。群敵圍攻時，用兩臂搖晃推壓，眾敵即仰天跌出。在與對手較力量時，兩臂一合勁猛力下壓，對手即縮身坐地。本功是少林眾僧經常練習的重要功夫。

圖 129

3.對於此功的基本要點，少林拳譜有言：鞭勁法專練兩小臂的下按力量，它與鐵臂功、分水功夫大體相似，惟獨在發勁時偏重於壓力，不用摔打和橫分之力。此功夫練成後，大敵當前心中也不慌。但必須持恆練習，不要半途停止。

附：少林洗臂湯藥方

荊芥 6 克、防風 6 克、透骨草 15 克、龍骨 3 克、獨活 6 克、桔梗 6 克、祁艾 6 克、川椒 6 克、赤芍 16 克、一枝蒿 15 克、乳香 6 克、沒藥 6 克。

以上 12 味藥粉，用水煎湯洗，能消毒去腫，活血散瘀止痛。每天在練功後洗兩小臂，一劑藥可煎水用 15 天，如果水少了可再增添新水煎熬，不要扔掉藥渣，下次再溫熱洗臂，至半月後扔去藥渣，再換新藥。

【功效】：加速長功，防止損傷，增加內壯力氣。

少林高僧淳錦法師曰：

鞭勁之法臂力顯，兩臂壓石可成陷。

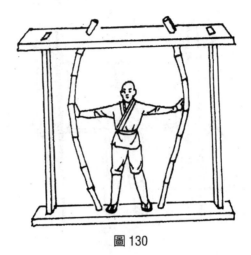

圖130

遊走八方切愼走，切莫誤傷忠良漢。

102

十九、分水功

歌訣曰：

分水功法兩臂分，分開竹杆數十根。

沙中排合人自如，可破當前千萬人。

練　法

1.初練擇地一塊，擇粗竹兩根，上下兩端用專門的木架固定。練習者從正中間用力向兩側推掌分撥，每日練習，久之則分開如門戶。（圖130）

2.練習不停，逐漸力增，兩側再加巨竹兩根，經艱苦磨練，兩手分開4根竹，功夫又進一步。（圖131）

3.經持恆苦練，力量日增，兩側可再各加巨竹兩根，雙手在8根竹杆裡奮力拼搏，朝夕練功，終久可推開8根竹。

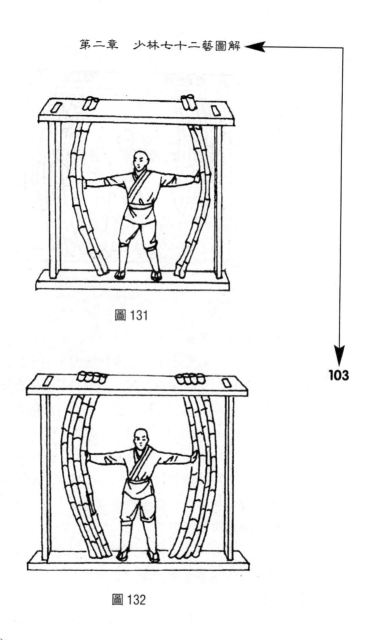

圖 131

圖 132

103

（圖 132）

　　4.經過幾年的銳意苦練，直至兩手推開 12 根巨竹，當

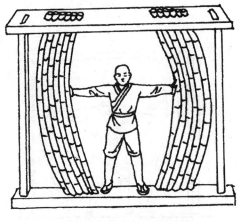

圖133

中仍開如門戶。（圖133）

　　以後更不可鬆懈中斷，要繼續練習，由十數根，漸漸增加至數十根，如果能開合自如，則功告半成。多加一竹，其力量可增加80斤，以30枝計算，則兩臂可撥千斤以上。然後再用細沙壘成沙壁沙牆，形似民間土牆一樣，用雙臂插入，再用力向兩側排，持久磨練，直至兩臂在沙中排合自由，而細沙也不飛起飄揚，則功告大成，這要8年時間。功成之後仍要按日練習，停止則不進而退。

　　附：練功洗臂秘方

　　防風、荊芥、絲瓜絡、透骨草、獨活、桔梗、川椒、祁艾、乳香、沒藥各6克，虎骨3克，赤芍、雞血藤、一枝蒿各15克。

　　以上14味藥為一劑，用水煎成湯洗兩臂。洗後不要扔掉，下次再溫熱洗，洗後要避涼風。至20天後，扔去藥渣，再另換新藥。

【功法略解】

1.分水功是少林七十二藝中的硬功外壯功法，純屬陽剛之勁，是專門鍛鍊兩手臂的功法。

2.分水功在少林武術對敵技擊方面有著重要作用，拳家所言「勢如破竹」就是指此而言。功成之後，可以在群敵中分撥眾人前進無阻。如對敵時，單手撥攔，敵即飛出丈外。雙手分之，兩側敵人即被分出丈外。如抓一個人的雙手向兩側分之，敵筋骨必斷，無人阻擋。平時要特別注意，不可誤傷好人。

3.練習此功的要點：此功之力，要完全聚於兩臂，且以側掌輔助操作，有剛柔相濟之效，要細加體會。

少林高僧淳念、淳密二位法師曰：

　　　　分水之功法，先靠兩手扒

　　　　雙臂一合勁，氣力分竹沙

　　　　功成排自如，善破敵萬馬。

二十、玉帶功

歌訣曰：

　　　　樹木石鼓抱懷中，逐日重量漸漸增。

　　　　若能抱起千斤鼓，雙臂一合力無窮。

練　法

1.初練此功時，可選擇一棵合抱之樹，身立樹下，兩腿微屈膝蹲身，用兩臂緊緊抱住樹身。兩手十指相扣在一起，用力抱持，時時做上提之勢。每天抱數次，每次以力量用盡為止。如此經過2年功夫，**兩臂、腰、腿之力則大大增加，**

圖 134　　　　　　　圖 135　　　　　　　圖 136

抱持時只須略一搖震，樹身即搖搖欲折，枝葉被震落，已初見成效。（圖 134）

　　2.待能拔起之後，最易脫手而落，只有久長苦練，才能增加緊扣之力。這一段需 3 年。（圖 135）

　　3.雙手換抱 100 斤石鼓，繼續練習，力量漸增。待能輕鬆舉抱此石鼓時，轉換下一重量的石鼓。（圖 136）

　　4.雙手抱 250 斤重的石鼓，舉起平胸，增加力量。（圖 137）

　　5.雙手抱起 380 斤重的石鼓，氣不噓喘。（圖 138）

　　6.雙手抱起 600 斤重的大石鼓，如上法繼續練習。（圖 139）

　　7.雙手抱起來 1000 斤重的石鼓，能運用自如，行走靈便，則大功告成。（圖 140）

　　【功法略解】

　　1.玉帶功又名為「彌勒功」，為少林七十二藝功法中的硬功外壯功法，屬陽剛之勁兼陰柔之氣，是專練臂部的功

圖137　　　　圖138　　　　圖139　　　　圖140

法。

2.玉帶功在少林武術技擊中有著重要的作用。如敵眾我
寡時，用雙手一摟，可以把兩人或三人摟撞在一起，碰成重
傷。如抱住一個，可以摟得筋斷骨折。抱住一個或兩個當作
擊敵的擋箭牌，敵即逃脫不了。它是少林武術中不可缺少的
功夫，寺僧們經常研練。如隋文帝開皇年間有個叫大鞋的僧
人，天天摟鐵鐘，日久即功成，能抱千斤行走而不覺疲勞。

3.此種功法主要用兩臂之力，施行抱法。又稱為「乾坤
圈」，練法簡便。相傳昔日有盲童學藝，巧遇少林寺高僧朝
元和尚傳此技藝，到以後這盲童功夫練成，用此肢法勝敵，
傳為佳話。說明此功夫的驚人效力。

少林寺高僧寂袍法師曰：

　　彌勒功不脫空，摟樹木如拔蔥。

　　抱石鼓堅登登，摟石軸力漸增。

　　持恆練十年功，不間斷功可成。

　　內氣足臂腹硬，敵百人也能頂。

二十一、鷹翼功

歌訣曰:

　　鷹翼功法是苦功,沙袋壓肘用力崩。

　　雙臂崩起數百斤,敵若逢之難逃生。

練　法

　　用堅硬的木棒兩根栽於地下,高8尺半,兩柱相距6尺遠,上架一橫木,兩頭固定在木柱梢上。在橫木柱上繫吊兩個沙袋,上邊用鐵鏈或繩索吊牢固,袋內裝入沙子,由輕至重,日增月添,重量逐漸增加。沙袋離地3尺半,兩袋相距2尺左右,其形狀似鞭韃,繩的長短和距離要看練功者的體質和高矮來決定。沙袋的高度,要在練功者做騎馬步時比肩略低為宜,間距約在肩外7~8寸。

　　1.兩袋共重20斤,練習1年。用兩肘上側近肘尖的大臂處猛力向上抬,務使沙袋緊壓於臂,而不藉繩索牽引力。練至力不能支後可以稍歇片刻,再繼續鍛鍊。每天早晚各練一次,初練時,每次自30下開始,漸漸增加至100下、300下、500下為止。(圖141)

　　2.練功1年後,沙袋每日增2斤,兩袋共增4斤,全年增加48斤。第二年兩袋重量加至68斤,兩臂的懸空力量上升很快。(圖142)

　　3.第三年仍然繼續練習,每日按上述標準增加重量,至年底兩袋重量增至116斤。初練僅能擊出幾寸遠,久則飛出1~2尺,力量上升快速。(圖143)

　　4.第四年仍然日增力氣,月加重量,每天持恆苦練。至

圖 141　　　　　　　　圖 142

圖 143　　　　　　　　圖 144

年底兩袋重達 164 斤，仍然運用自如。（圖 144）

　　5.第五年更要繼續苦練，天天增加力氣，月月增加沙袋重量。至年底兩袋重量達到 212 斤，練到能擲出 2 尺，運用自如的程度。（圖 145）

圖145　　　　　　　圖146

　　6.第六年更要繼續苦練，持之以恆。至年底時，兩袋重量260斤，兩臂如仍能順利擲出2尺外，則力不可擋。（圖146）

　　7.第七年仍繼續勤奮練習，力量日增，沙袋重量月月上升，直到年底兩袋重達308斤，繼續練習，力量倍增。（圖147）

　　8.第八年兩沙袋重量增加到360斤。仍以肘節處抵沙袋之底，使沙袋向上飛擲2尺以外，則功高至絕。（圖148）

【功法略解】

　　1.鷹翼功為少林正宗七十二藝中硬功壯外之功法，純屬陽剛之勁，可練習兩肘部的外擲力量和上挑力。

　　2.少林拳譜云：「肘之地位居中，處於肩腕之間。承上節之氣力，達下梢之成效。上下關係至密，地位極其重要。」當然，鍛鍊此處，如若不得其法，則意氣失調，不能運用於手。如果鍛鍊得法，則應用時可活潑自如。因此，任

圖147

圖148

何姿勢都應以重肘為止。使其腰背之力由肩順在肘間，由肘運至手上，自能靈便順心。關於用肘之法，拳家常將其稱為「第二道防護網」，拳諺也常講：「遠處用腳手，近處用膝肘。肘不離膝，手不離肘。肘不離肋，肘法護心。」「寧挨十拳，不挨一肘。」「肘打八方人難防，貼身靠打情不留。」均說明了肘法的威力。歌訣還曰：「心肘兩相依，起落常護心；用肘宜近取，最忌遠處尋；變化要迅速，露形勢已盡；沖起領根梢，呼應制敵人。」

　　3. 在少林拳中所用肘法都是以屈肘（即外肘尖）和接近肘尖的上臂、前臂作為進攻和防守的武器。因為肘比拳短，靠肩部近，力臂很短，更能直接利用肩臂的力量。從進攻部位看，肘所進攻的部位在人身的前胸、後背、腹部、兩肋、頭部、四肢，故有「肘擊八方」之說。從進擊的方向來看，可以自下而上（為挑肘），自上而下（為沉肘或壓肘），自左而右（如盤肘），自右而左（為掩肘），自前而後（如掖

肘），自外而裡（為抱肘）。其中自前而後的擊法，比其它拳法動作快、隱蔽。

從生理角度來看，肘骨較尖而硬，特別是經過「鷹翼功」、「霸王肘」等少林功夫的練習以後，可使原來堅硬的肘尖骨硬度和力度更為增加，搏擊能力大增，在貼身靠打中有速度疾快、難架難防的顯著特點，最容易發揮進攻的力量和防護的效果。故拳譜曰：「兩隻胳膊肘在中，前後上下左右攻，隨機應變速玩用，肘尖擊中敵難應。」又曰：「兩手屈卷肘彎藏，一起三擊敵難防。」說明肘法在實戰中的重要性。

4. 在少林拳理中，每提起練習肘部，都要論及用肘要訣。墜肘可以護守兩肋部位，免受損失，也可發揮各關節的協調作用。所謂「墜肘」是與沉肩及坍肩相聯繫的。在「鷹翼功」和「霸王肘」等少林肘部功夫鍛鍊中，增加了肘部關節筋腱的柔韌性，從而使肘部肌腱自由舒展，同時也促進臂間肌肉的內在活動，使之從肩部、肘部到腕部的勁力協調一致，在發勁和交換勁力時，能夠靈活自如。

5. 對於練此鷹翼功夫的基本要點，少林拳譜中講：此功夫練習兩臂肘關節各部的向上挑抬之力。肘節的力量比拳掌力量大，惟獨用於近戰，不利於遠擊。此功成就以後，一著物即能使其飛擲數丈以外，其功夫勝似點石功。

少林寺高僧寂聚法師曰：

老鷹展翅欲飛騰，持恆苦練肘節功。

混身合下千斤力，雙肘擲敵影無蹤。

少林高僧寂亭法師曰：

鷹翼功法威力大，縱有猛虎難近它。

圖 149　　　　　圖 150　　　　　圖 151

雙肩一合臂力抖，毒龍猛獸甩地下。

嵩山少林傳絕技，武術北斗鎮天下。

二十二、跳躍法（登高超遠法）

歌訣曰：

跳躍功法井子功，好以小蛇盼成龍。

朝夕跳躍數千次，猶如困龍離潭中。

1.身穿砂衣，兩腿帶砂綁腿或砂帶，在 1 尺深的土井內向上跳。（圖 149）

2.身上腿上逐漸增加砂的重量，由輕漸重，跳出 2 尺半深的土井。（圖 150）

3.從 4 尺深的土井內跳出來。（圖 151）

4.跳下 5 尺半深的土井裡，再跳出來。（圖 152）

5.跳出 7 尺深的土井。（圖 153）

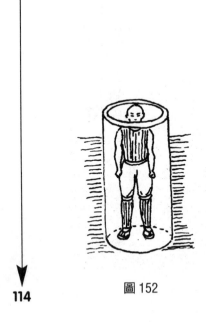

圖 152　　　　　　　　圖 153

6.跳下 9 尺多深的土井裡，再跳上來。（圖 154）

7.經過 6 年早午晚苦練，每天跳井 2100 次，上身砂衣增至 20 斤，兩腿漸加 20 斤，全身共帶 40 斤，跳上跳下直至能從 1 丈 2 尺深的土井跳出。（圖 155）

8.再練 3 年功夫，全身砂衣、砂袋的重量增加至 80 斤，如能跳上跳下輕鬆自如，可背一人縱身上房屋，此功已成。（圖 156）

跳躍時井的口徑不可大，最大容 2 人。練功者身立其中，隨意上躍。初跳時井淺砂袋輕，上下頗覺輕鬆。以後每隔 10 日將井挖深 1 寸，身上之鐵砂加重 1 兩，以後井越挖越深，鐵砂越加越重，跳躍越覺困難。至井深 3 尺時，練習須延長時間。逐漸由 5 尺、7 尺而達 1 丈，身上的鐵砂也增

圖 154

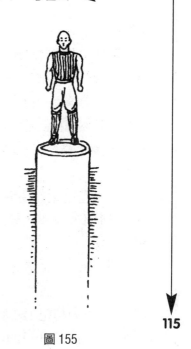

圖 155

至最多，如仍能跳越出入自
如，則功夫大成。到井深 1
丈 2 尺，仍然出入自如，功
夫告全成。此功最低需經
8～10 年修煉，方可成功。

【功法略解】

　　1.跳躍法又名「蹬高超
遠」，又叫「超距功」，是
少林正宗七十二藝中的軟功
內壯功夫，專供練習人身躥
躍縱跳的能力，為傳統輕身
功夫之一，是少林寺僧經常

圖 156

練習的功法。

2.此法在少林武術中有著重要作用，功夫練成後，可以越過較高的障礙物，如高層屋和懸崖深澗等，可以隨意縱身而過。對敵情時，可以相距數尺以外，眨眼功夫至敵人身體近身，突然發招制敵。如實戰中不敵對方時，可以縱身跳躍丈外，閃開敵人的進攻，是少林寺武僧不可缺少的一種功夫。

3.練習跳躍的要點：此功夫是練武術者不可缺少的功夫。練時不可猛進，要循序漸進；不能忽冷忽熱，要堅持不懈。

附：練功內壯方

酒洗肖歸 120 克、酒洗牛膝 120 克、魚膠 120 克、虎骨 120 克、酥靈枸杞 120 克、川斷 120 克、補骨脂 120 克（鹽水炒）、蔥絲子 120 克、炒蒺藜 30 克、蟹黃 240 克（炒）。

以上眾藥研細末煉蜜為丸，每次服 9 克，練功前用黃酒沖服。

【功效】：強壯筋骨，增力補氣。

少林高僧玄慈曰：

井子功夫不非凡，白晝操練不休閒。

功成業滿遊河山，遊遍天下樂無邊。

二十三、霸王肘

歌訣曰：

霸王肘力用肘尖，歷代寺僧苦演練。

肘擊之法練純熟，重創強敵筋骨斷。

圖 157

圖 158

圖 159

117

練　法

1.仰臥於地上，兩腿挺直，然後用兩肘（手向上）用力抵住地面，使全身離開地面片刻，然後落下休息，如此 15次，早晚各行一遍。練習時呼吸均勻，切忌散亂。（圖157）

2.半年後，左右兩肘交替輪換撐地。如右肘著地，則全身向右轉身；左肘著地，則全身向左轉身，成側臥式。（圖158）

3.1 年後，可以離開土地，在青石板上練習，兩手交替輪換使用成側臥式：右肘在下，則身向右轉，左肘在下，則身向左轉。（圖159）

4.練習半年以後，可以離開青石板，在粗麻石上練習，

兩肘仍是互相交替輪換練習側臥式。（圖160）

圖160

5.練習2年以後，可在地上挖一個槽，寬3尺，長6尺，裡邊放置大大小小的鵝卵石，鋪成一層如床似的地槽，在裡邊行功，仍取側臥式。也可在石槽裡放上泥沙，摻合卵石，再放入水，等凝成一塊後，人在其上仍依上法練習。初練此行功感覺有些疼痛，待練至與平地上相同時，就不覺疼痛了。這一時期可以用藥水洗，以免肘部受到損傷。（圖161）

圖161

圖162

6.練至3年，可以用碎石子或棱角石子放入石槽內如上法練習，以後可以放泥沙混合，再放入水，凝結成塊在上面進行側臥練習。（圖162）

練這一功夫初成需3年半，大成要有6年的苦練。

附：洗滌秘方

乳香60克、草麝香30克、雞巨子60克、巴山虎60克、淮牛膝60克、麻黃60克、瓦松60克、槐花60克、金櫻子60克、白石榴皮60克、蔥子60克、菟絲子60克、蒐

麻子 60 克、地骨皮 60 克、沒藥 60 克、馬鞭草 60 克、自然
銅 60 克、蛇床子 60 克、桂枝 60 克、生半夏 60 克、覆盆子
60 克、虎骨 50 克、黃芪 90 克、核桃皮 90 克、槐樹條 90
克、還魂草 90 克、過山龍 90 克、車前子 90 克、穿山甲 90
克、柴胡 90 克、南星 90 克、五加皮 120 克、皮硝 120 克、
勾藤 120 克、生草烏 120 克、川烏 120 克、水仙花 120 克、
白蘚皮 120 克、龍骨草 120 克、鬧楊花 120 克、落得打 120
克、象皮 120 克、大力根 120 克、五龍草 120 克、八仙草
120 克、海風藤 120 克、梧桐花 120 克、藏紅花 180 克、青
鹽 240 克、鷹爪 1 付、款冬花 2000 克、木爪 2000 克、白鳳
仙 21 個、老絲瓜絡兩個。

　　以上藥加陳醋 20 斤、水 20 斤煎濃，貯於磁缸中。練功
前把肘臂放在藥水裡浸泡片刻，練功後再洗一次。一劑藥可
用數月。

　　【功效】：增加練功速度和力量，強壯筋骨，止痛消
腫。

　　【功法略解】

　　1.霸王肘功夫為少林正宗七十二藝中內外功夫的硬功外
壯功法，屬陽剛之勁，是一種專門練習肘部的重要功法。

　　2.霸王肘功夫在少林武術技擊實戰中有著一定的作用。
肘尖堅硬如石，頂中敵人則令敵難以支撐。在近身貼靠時，
可用肘尖頂擊對方肋、胸、腹、背、脊、胯；在低身巧合
時，也可用肘擊下盤攻來敵的頭、面、耳等部位。肘勁本身
大於手勁，再加上苦苦修煉後，肘尖的力量和堅硬度增加數
倍，所以擊中敵人則必令其傷筋斷骨，殺傷力驚人。

　　3.對於練習此種功法的要點，拳譜言：此功雖然專練兩

肘，但與其它臂部功夫不同。雖然僅練肘節，但肘節的側面、相近的大小臂都會得到鍛鍊，上肢力量倍增。另外，因肘尖長期與硬物相抵觸，故久之則堅如鐵丁，擊敵則力點集中，如釘鑽木，必可重創敵人，平日應慎用。

少林高僧如量法師曰：

霸王肘法威力強，運肘如釘致命傷。

藝業高深也膽怯，弱者受擊命無常。

二十四、一指金剛法

歌訣曰：

練成羅漢指金鋼，點石成粉敵人傷。

遊走八方切要忍，誤傷朋友難參詳。

練　法

1. 每日經過樹林、樹木，用指點之，以手之食指為好，向樹上天天點，漸漸可以增加指力。點完後用藥水洗手指。（圖163）

2. 用食指點磚牆練習，天天用藥水洗手指，35天換藥一劑，切勿間斷，更勿鬆懈。初練時，皮為之脫，肉為之腫，習練久之，則皮膚由粗變成柔軟。（圖164）

3. 指點青石板或石碑，用食指點，左右手交替練習。天天練習，練後用藥水洗手指。（圖165）

4. 點鐵板（將鐵板靠貼於牆壁上），天天用兩手食指交替點之，朝夕練習，練後用藥水洗手指。（圖166）

5. 1年以後，以一指觸任何物體都不覺痛，點人則立見傷亡。為了防止誤傷好人，可僅習左手一指。不到萬不得已

圖 163　　　　　　　　　圖 164

圖 165　　　　　　　　　圖 166

時，千萬不可輕易使此招。此功夫與一指禪陰手功夫有大同小異之處，均需持之以恆，方入妙境。

　　附：一指金剛練指妙方

　　川烏 3 克、草烏 3 克、南星 3 克、蛇床子 3 克、半夏 3 克、百部 3 克、花椒 30 克、狼毒 30 克、透骨草 30 克、藜蘆 30 克、龍骨 30 克、地骨皮 30 克、紫苑 30 克、青鹽 120 克、劉寄奴 60 克、地丁 30 克、雞血藤 30 克、絲瓜絡 50

克。

以上諸藥用醋 5 碗、水 5 碗，煎至 7 碗貯於磁盆內，留洗手時用。每劑藥可以連續用 35 天。每次練功前以藥水洗手指。

【功法略解】

1. 少林一指金剛法是少林正宗七十二藝中硬功外壯功法，純屬於陽剛之勁，是專門練習指頭功夫的功法。

2. 練習指勁可以屈，也可以伸，一定要將氣力達至指尖，才能達到運用自如，切勿強硬伸直，使用蠻橫之力。待練至運用有方時，對於其他技法都有輔助作用。拳諺有「指戳一點，拳打一片」、「拳沒掌能，掌沒指精」、「拳打足趾如虎爪，拳打手指如鋼丁」等，都說明手指在少林武術中的重要作用和地位。因此拳譜歌曰：「牙為骨梢，牙咬斷筋狠勁足。舌為肉梢，舌頂上腭接氣力。髮為血梢，髮堅氣壯能衝冠。指為筋梢，指力顯處取人疾。」

3. 指法在少林武術中主要以點、戳、截、挑、鑽、探、彈、按、抓、掛、拿、撩、劃等技法制敵，重點是擊點人身的薄弱環節和緊要部位，如頭部鼻、眼、耳門、腦門、太陽、聽官、咽喉、前胸、腹部、襠部、膝眼等處。用各種指法，如抓面部，插點鼻部、扣眼部等，可制敵失利敗陣，解我之危。

4. 少林拳術稱一指為「金針指」，二指併出為「金剛剪指」，三指併出為「三陰指」，四指併出為「金鏟指」，食指節出為「鬼頭指」（又名「鴨嘴指」），中指節出為「鳳點頭指」（又名「鶴嘴指」）。如將手指內扣，即成「扣指」；如將手指張開，即成「爪」，包括鷹爪、虎爪、龍

爪、鶴爪等。在少林武術中，手是發勁的主要工具，腕是運動的引導者，所以要想讓手靈活，必定先讓腕靈活，腕先活後手才能跟著靈活起來。經過練習一指金剛法，不但手腕關節的靈活性增強，而且力度和硬度也大大進步，手指能發出強大的抓力、扣力、挑力、左右撥力、裡外撩力和托力等。

據傳少林寺的大腳僧（又名大覺僧），精通此功法，用單指在平滑的青石碑上寫下四個刀刻般的蒼勁大字「少林大覺」，其功力可見奇異。又傳妙興大師也曾在平滑的石碑上寫下四個如刀刻般的大字「各有千秋」。可見少林的歷代高僧，真功輩出。

5.練習一指金剛法達到純熟精深，一指點到處，則洞胸透腑，命在瞬間。為避免誤傷好人，可只練一指功夫，更以忍耐為高，切勿輕易傷人。

少林點打名僧如淨法師曰：

　　從師習藝少林堂，陪伴恩師度風霜。
　　苦修苦練數十載，受盡暑熱和寒涼。
　　點打指法練在手，雲遊天下觀風光。
　　惡霸暴徒要懲制，解救黎民濟善良。

二十五、拔釘功

歌訣曰：

　　拔丁之功須苦恆，朝夕練習揑指功。
　　抓揑敵人難逃脫，皮破筋斷骨節疼。

練　法

1.用棗木製成一塊厚厚的木板，將 3 寸長的鐵釘 108 根

123

用錘砸入木板 1 寸深。用拇指、中指和食指捏抓釘頭徐徐向外拔，長釘易捏易拔。練至能應手而釘脫落，則第一步功完成了。（圖 167）

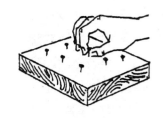

圖 167

2.將 2 寸長的短釘 108 根，用鐵錘砸入木板 1 寸 5 分深，外面露 5 分在上邊。天天練習，拔掉後再砸上，再反覆練習。如能應手而拔出，則第二步功成。（圖 168）

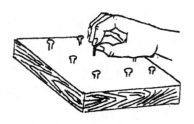

圖 168

3.再將 2 寸 5 分長的粗鐵釘 108 枚，用鐵錘砸入木板兩寸深，上邊留五分，潑上水使釘生鏽。仍照前法練習，拔掉後再砸入，再拔掉，再砸入，反覆練習，至能應手而拔出時則大功告成。三步功需要 6 年的功夫才能練成。（圖 169）

圖 169

最後向空中抓，以意領氣，以氣驅氣，如抓牽千斤之物，又兼用陰柔之氣力。如與人交手時，出三指捏之，無不受重傷，如捏穴道時亦有性命之虞，要慎使。

附：拔釘功洗指藥方

地骨皮 30 克，乳香 15 克，草烏 10 克，川烏 10 克，青

鹽 40 克。

以上諸藥放水中浸泡後煎湯。在練習前後，洗浸手指。有消毒退腫的作用。

【功法略解】

1. 少林拔釘功法是少林正宗七十二藝中的硬功外壯功法，屬陽剛之勁又兼陰柔之氣功，是專門練習指部的一種功夫。

2. 此功法在少林武術技擊中有著一定的作用。如與敵人搏擊時，可抓捏敵人臂膀，令其皮破流血，重則傷筋斷骨。也可抓拿穴道，令其喪力。它是寺僧經常練習的重要功夫。

3. 對於練習拔丁功夫的要點，少林拳家有言：此功夫為指功，重點練習拇指、食指、中指之抓提勁，練時簡便易行。但練此功法，初練時甚苦，要能持之以恆，不可半途而廢。

少林高僧靜紹法師曰：

　　拔釘之法並非凡，三指抓捏練數年。

　　有朝一日功自成，順手制敵玄妙生。

二十六、一指禪功

歌訣曰：

　　少林內功一指禪，苦恆修煉數十年，

　　練成一指奇玄妙，懲罰惡暴濟孝賢。

練　法

1. 將一個鐵錘用繩繫住把柄，懸吊在經常走過之道邊，出入必然見之，見之則用一指點擊，每日如此。（圖 170）

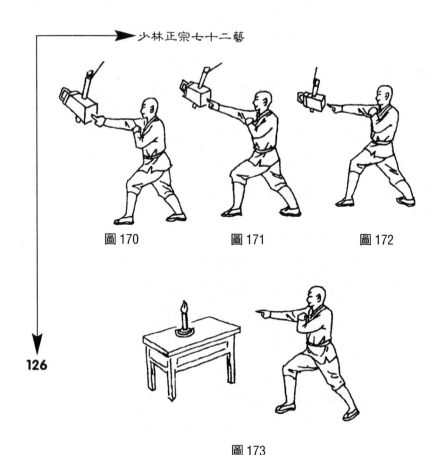

圖170　　　　圖171　　　　圖172

圖173

2. 初點時錘不動，日久漸漸鐵錘搖動。（圖171）

3. 然後漸漸向後移步，雖指尖未點到，鐵錘也能自行搖動。此第一步功夫已成。（圖172）

4. 然後在廣庭之中點燃燈燭，用指點之。（圖173）

5. 經一定時間的修煉，漸漸燈頭動搖。（圖174）

6. 指點燈頭動搖，習之時間一長，用指一點，立時燈滅，指功大增。如用指彈燈燭，其必自滅，彷彿用扇滅一般，此時第二步功夫成功。（圖175）

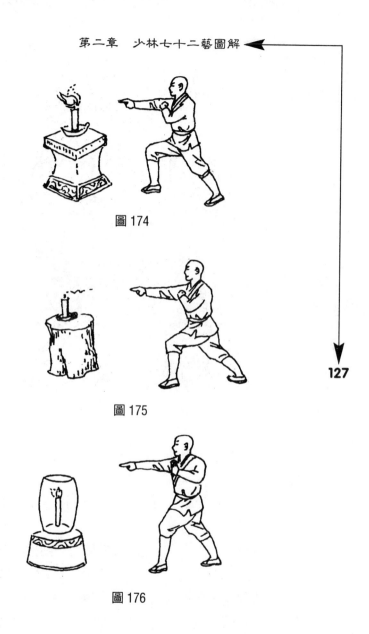

圖 174

圖 175

圖 176

7.再用紙隔著燈頭，用指點之，燈頭搖搖欲動。（圖
176）

圖 177

圖 178

8.用紙隔燭，用指點之，至紙不破而燈燭自滅，則第三步功夫已成。（圖 177）

9.外邊再用厚紙，或者加多層紙隔著燈燭，用指點之，初點燈焰不動搖。（圖 178）

10.繼續練習，經久之後用指點之，則指點燈滅。（圖 179）

然後再用玻璃片隔之，苦修苦練，至一點則燈燭熄滅而玻璃片不損時，內功一指禪即大功告成。功成後仍要繼續練習，不可中斷，停練則功退。一指禪功須 10 年苦修才能告成。

圖179

【功法略解】

1.少林一指禪功夫是少林正宗七十二藝中的軟功內壯功法，純屬陰柔之勁，是專練人指頭功夫的功法。

2.一指禪功夫可以把力量集中於一個手指上，在技擊實戰中具有很大的威力，是少林功夫中重要的功法。以指點敵人，一般外部不受損傷，但是內部已受重創。輕輕點其某穴，也能使敵局部流血，如點重則危急，只有推拿按摩後，才可以使血脈流動復原。此功的功力比紅砂掌、黑砂掌、五毒手等功力更進一步，練成也更難。

3.對於練習一指禪功的要點，少林拳譜有言：冰凍三尺非一日之寒，須經數十年的銳意操勤，才可以練成。如少林子升禪師、秋月和尚等的一指禪功法極其精妙。他們都是經過長期修煉才成功的。

少林高僧了改禪師曰：

少林內功一指禪，苦修苦煉數十年。

練至功力禪機顯，絕技驚天不平凡。

堅守寺院防盜賊，嚴防惡歹來寺院。

圖 180　　　　　　　圖 181　　　　　　　圖 182

二十七、石椿功

歌訣曰：

　　　馬步石椿是苦功，地盆石塊重力增。

　　　地下生根似鐵塔，強敵推拉不搖動。

練　法

　　1.初練時在地上站成馬步，慢慢延長時間，由站 1 分鐘逐漸增至 10 分鐘、20 分鐘、30 分鐘、1 小時乃至兩小時，最多至 3 個時辰為度。如果不覺疲勞，則地盆功夫初見成效。（圖 180）

　　2.在地上馬步椿站好的基礎上，可以轉變為站木椿上的馬步，並且在兩腿上壓 30 斤的石塊，以加重負荷量，仍如上法練習。練至 3 個時辰不覺費力時，第一步功成就。（圖181）

　　3.逐日增力，月月增重，至石塊又加重 30 斤，重量達 60 斤時，依上法練至如無物為止。至此第三步功初成，仍

圖 183

圖 184

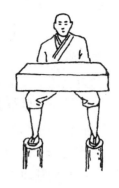

圖 185

圖 186

要繼續苦練。（圖 182）

　　4.石塊再增加份量，天天勤奮修煉，至石塊重達 120 斤時，練至不覺勞累，並且持續 3 個時辰，仍能泰然自如。（圖 183）

　　5.繼續銳意進修，石塊加重到 200 斤，仍能堅持 3 個時辰，並且不覺費力身乏。（圖 184）

　　6.年年逐漸增力，月月加重負荷量。每月加重 3～5 斤，不可再多，多則不但對功夫進展不利，而且會損傷身體的健康。必須循序漸近，不可猛進，石塊加重達 250 斤後，練至感覺精神和氣力充沛，一切順達。（圖 185）

　　7.年深日久，晝夜苦練，至石塊加重達到 300 斤時，功力則顯著。（圖 186）

　　8.繼續鍛鍊，經 8 個春秋的日月磨礪，終使石塊加重達

360 斤，可在椿上堅持 3 個時辰毫無動搖之感，不覺費力，氣力順達。此時功力達到大成，仍繼續堅持鍛鍊，以維持功力恆久。（圖 187）

圖 187

【功法略解】

1. 石椿功又名「石柱功」，是少林正宗七十二藝中的硬功外壯功法，是專門練習兩腿腳的耐力和支撐功夫的穩固椿步法。

2. 椿的高度離地面 2 尺，最高 4 尺，椿的距離與馬步寬度相等，負荷用的石塊可用 1 塊，也可用兩塊，壓在馬步站穩後的兩大腿上。逐漸加重分量，至 360 斤為度，能持續 3 個時辰毫不覺費力時則大功成就。少林寺僧練習武功無不以此為基礎。

3. 少林石椿功在少林武術技擊中具有重要作用。它以防守踏跟為主，即可以防止強敵猛力推拉和下盤掃腿襲擊，又可防橫衝橫打及直推直拉等，並能運轉全身雄厚的功力抵抗頑敵。

4. 練習石椿功的要點：心平氣和，氣納丹田，兩腿盡力堅持，但也不可過於勞累，保持早、午、晚 3 次正常練習。其它時間若有空閑也可站半個時辰，時間一久，無有不成才之理。

附：少林椿功秘方

酒洗全當歸 120 克、酒洗川牛膝 120 克、魚膠 120 克、虎骨 120 克（醋炙）、枸杞 120 克、補骨脂 120 克（鹽水炒）、續斷 120 克、菟絲子 120 克、炒蒺藜 30 克、蟹黃

240 克（炒）、乳香 30 克。

以上諸藥共研細末，煉蜜為丸，如梧子大。在練功前用黃酒沖服，每次服 15 丸，喝開水半碗，以助內壯。

【功效】：有壯筋強骨之用，又有舒筋活血調合氣血之效，更使功法加速進展，是練功之秘傳妙方。

少林高僧淳華大師曰：

　　　馬步椿功須苦練，一晃光陰十數冬。

　　　子午晨昏有耐性，全身踏地賽銅鐘。

　　　若非此身成鐵漢，延年益壽過百冬。

二十八、金鐘罩

歌訣曰：

　　　金鐘罩是難練功，布槌打和木槌樑。

　　　金石銅鐵諸槌砸，全身練成似鐵銅。

　　　少林古寺傳藝業，歷代寺僧用苦功。

練　法

1. 第一步用硬粗帆布條縫成布錘，捶擊全身各處。先從左側，後再右側，依次捶擊。因左為血分，右為氣分，血行則慢，必須血先行而氣相隨，方為合適。初練時覺疼痛，應慢慢練至不覺疼痛。（圖 188）

2. 以上練法至不疼時，更換木錘擊打。每天早午晚 3 次，中間也可在子時加練 1 次，每天 4 個時辰練習，功夫長

圖 188

圖 189　　　　　圖 190　　　　　圖 191

進更快。（圖 189）

　　3. 又經一段練習，漸漸不覺疼痛，可由木錘變成石錘，捶擊全身。依上法緩緩練習，至捶擊不覺疼痛為止。（圖190）

　　4. 繼續練習，至身上經捶擊不覺疼痛和勞累時，則換成金、銅、鐵 3 種金屬合成之錘，捶擊全身。（圖 191）

　　當鐵錘捶擊全身又不覺痛苦時，則功夫告成。6～8 年後，全身堅硬如鐵石，莫說拳腳踢打不覺疼痛、不傷身體，即使刀砍也不致傷重。練成金鐘罩功夫之人，身上胸背等處之骨骼皆合併起來，如天生一整塊，全身堅硬無比，不懼擊打。

附：金鐘罩湯洗秘方

　　老桂木 3 克、丁香 6 克、荊芥 30 克、蔓荊子 30 克、川芎 3 克、白芷 9 克、防風 30 克、細辛 9 克、羌活 30 克、乳香 9 克、沒藥 9 克、甘草 9 克。

　　以上藥物共研細末，每藥末 30 克，加鹽 20 克，連鬚蔥白 5 個，煎湯洗被捶擊之處及摔跌之點，洗時須溫熱，不限

次數，多洗為妙。

【功效】：去毒退腫，壯筋續骨，可加速功法的長進速度。

【功法略解】

1. 金鐘罩是少林正宗七十二藝中的硬功外壯功夫，屬陽剛之力，兼內壯之勁，為少林武術中最重要的功夫之一，專供配合氣功練習人身各部肌肉的功法。

2. 金鐘罩功法在少林武術技擊中有著重要作用。練習功成後，有防守自衛護體的能力，敵人無論拳打或腳踢，難以損傷我身，如果我奮起反攻，觸及敵人即疼痛難忍，輕者敵方疼痛紅腫，重則傷筋斷骨，是不可缺少的重要功法。明代少林圓成和尚花費 40 餘年苦功，練成金鐘罩功夫，自己與群賊鬥，不僅毫無損傷，而且使敵無不屈膝求饒。

3. 少林金鐘罩功法的練習要點：要循序漸進，不可猛進，即使練習功法感覺不疼時，還要繼續練一段時間，方可更換另一種錘類。否則如急於求成，使鐵錘擊打用力過猛，會使身體受傷，結果欲速則不達。

少林高僧可政法師曰：

　　　金鐘罩法祖師傳，歷代武僧苦研練。

　　　春夏秋冬都熬過，練成金鋼鐵羅漢。

　　　衝鋒陷陣毫無怯，抗擊盜賊護寺院。

二十九、鐵牛功

歌訣曰：

　　　鐵牛功夫是硬功，指扣錘擊十數冬。

　　　睡臥腹壓大石塊，鐵錘敲打金石聲。

圖 192   圖 193

有朝一日功成就，應戰強敵會英雄。

練　法

1. 初練習時以馬步站穩，腹部鼓氣，用手指環扣點擊自己的肚腹。由輕至重，漸漸加力，不可猛力扣擊，以免傷損內臟。每天扣擊數次，每次幾十下至幾百下，多至幾千下為度。（圖192）

2. 經日久扣擊，至肚腹不覺疼痛時，在睡臥時可用掌心在腹皮上擦摩，以使肚腹皮肉堅實，強壯肌膚，舒通氣血，使功法長進速度加快。（圖193）

3. 練習日久，如指頭扣擊點插不覺疼痛時，可以變成拳頭向肚腹捶擊，一次捶擊數十拳，漸漸增加至數百拳乃至千拳以上。每天早、午、晚、夜不懈地練習。（圖194）

4. 用拳捶擊天長日久以後，至肚腹不覺疼痛，可以更換木槌捶擊肚腹。先捶微有疼感，漸漸加功，緩緩增加力量，至捶擊不疼為度。依上法繼續鍛鍊。（圖195）

5. 經日久練習後，至腹部不覺疼痛，每日捶打自如，慢

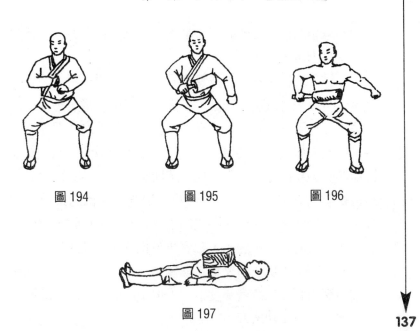

圖 194　　　　　圖 195　　　　　圖 196

圖 197

慢可以把木槌更換為鐵錘。初用鐵錘擊打肚腹微覺疼痛，逐步由輕到重，捶至不覺疼痛，微有敲木之聲，再進步練至捶擊時發出金屬的錚錚聲響，肚腹即內氣固足，功力驚人。（圖 196）

　　6.在睡臥時，可用大石塊壓在肚腹上。由輕至重，先放10斤、20斤、50斤、80斤、100斤，最多可達200斤，練至毫不影響呼吸喘氣，也不覺肚腹有壓力，不覺重感，睡臥自然時，即功夫已告成功。但是不可中斷，仍要繼續修煉。（圖 197）

　　【功法略解】

　　1.少林鐵牛功又叫「混元氣」，是少林正宗七十二藝中的硬功外壯功法，屬陽剛之勁，兼內壯陰柔之力，為少林武

術中的重要功法，專門練習人身腹部的彈力和耐力，以及腹肌的堅實力量。

2.鐵牛功在少林武術技擊實戰中有著重要作用。功夫練成後，可以防身護體，任敵人腳踢拳打我胸部毫無感覺，甚至槍、刀亦難傷我腹；敵如靠近，我用肚腹頂之，即彈出丈許；任數人按之，我腹用內氣一鼓，眾人皆彈仰倒地。此功肚腹的彈力和持久力驚人無比，眾所莫及。少林寺歷代武僧多有練習此功者，如唐代的子升、空空，宋代的靈丘、福湖，元代的智安、智聚，明代的子義、圓成、可政、悟產、普照，清代的祖良、靜紹、如容、湛化等，都精此功夫。

3.練習鐵牛功法的要點：宜慢慢進步，不可貪多圖快和突然重擊肚腹，以致內部受傷，不但不能練好，反而練壞。

附：練鐵牛功藥方

桂皮5克、丁香6克、荊芥30克、蔓荊子30克、川芎30克、防風30克、白芷10克、細辛8克、羌活30克、甘草10克、乳香10克、雞血藤20克、絲瓜絡15克、杜仲15克。

以上諸藥共研細末，每次用藥末30克，加鹽20克，連鬚蔥白5個，煎水湯洗肚腹被捶擊之處，洗時要溫熱，次數不限，多洗效果更好。

【功效】：堅肌膚，壯筋活絡，舒通氣血，強骨骼，加速練功的進步。

少林高僧清倫法師曰：

鐵牛功法威力雄，祖師流傳千百冬。

歷代武僧繼前輩，晝夜刻苦不消停。

混身合下千斤力，全力一抖萬人驚。

圖 198

圖 199

少林高僧海梁法師曰：

練功藥物祖師傳，世世代代有效驗。

強筋壯骨活經絡，舒通氣血肌膚堅。

雖然不是眞財寶，萬兩黃金難抵換。

三十、旋風掌

歌訣曰：

旋風掌法是奇功，熬盡光陰數十冬。

掌吸砂石隨手轉，我也不知有玄功。

練　法

1.取一缸盛滿細沙備用。練功者以馬步姿勢站在缸前，掌心鼓足內力，做好練功準備。（圖 198）

2.站好馬步，上身前探，用單掌插入細沙內攪動搓摩。初插費力，慢慢練至力盡為度，每日練早、午、晚 3 次，或者加子時共計 4 次。每次搓摩攪動至略感勞累時休息。（圖 199）

139

圖 200   圖 201

140

3.馬步站樁，經久練習，掌在缸上旋轉，細沙隨手微動漂起。繼續鍛鍊，至細沙隨手旋起時則初見成效。（圖200）

4.缸內細沙更換為大沙子，以馬步站樁，單掌用勁力，在缸內搓摩大沙子。經年深日久，精意磨練，大沙子在缸內旋起，隨手轉動。（圖201）

5.以馬步用功，繼續以掌如上法操持，及至缸內大沙子毫不費力地旋起時，再更換為鐵沙子。朝夕不間斷，每日4次，堅持練習，至鐵沙子隨手轉動，在缸內旋起時，則功力大增。（圖202）

6.練習者以馬步姿勢站立在缸前，當掌心鼓足內力使缸內鐵沙不費力地隨手旋起時，可換成小鋼球。逐日增力，月月沙子加重份量，至每個鋼球重達4兩時，放在鐵盤內繼續苦練，直至4兩重的鋼球隨手旋起轉動，此大功告成。這時仍要按時練習，以維持功力不減。（圖203）

【功法略解】

1.旋風掌又名「硃砂掌」，還稱「梅花掌」，也可叫

圖 202　　　　　　　　　圖 203

「紅砂掌」，為少林正宗七十二藝中內外功夫的軟功內壯功法，純屬陰柔之勁路，專門練習掌部的吸柔軟玄功夫，是少林寺歷代珍秘的掌功練習法。

2.旋風掌在少林武術技擊搏鬥中有著重要作用。此功練成之後，內勁貫達兩掌，敵來擊我迎之，敵即內部受傷；如果向敵還擊，觸敵即傷內部，外部皮色暫時不變，兩日後傷處出現手印，現出重傷。如少林明代高僧廣會和尚，若練多年，練成此真功，可抓敵臂必折，捏敵骨必碎。

3.少林旋風掌的練習要點：耐心堅持，循序漸進，不圖突飛猛進，經過15～20年功夫，方可見成效。切不可中間停止，堅持學而不倦，會而不厭，才能功法前進無後退。

附：練功洗手秘方

川烏 20 克、草烏 20 克、紅花 10 克、桑寄生 10 克、羌活 15 克、乳香 10 克、沒藥 10 克、雞血藤 12 克、絲瓜絡 15 克、勾藤 8 克、青鹽 80 克。

以上藥物放醋 5 碗、水 5 碗煎至 7 碗半，練功前後溫洗兩掌，一劑藥可連用 20 天。

圖204   圖205

少林高僧宗鄉長老曰：

　　先師掌法蓋世奇，威力深厚無人敵。

　　曾在成都懲惡霸，少林名僧展絕技。

　　永為百姓解困苦，普度眾生扶危濟。

三十一、臥虎功

歌訣曰：

　　臥虎功法四肢撐，前出後藏伏身形。

　　形似老鼠鑽面缸，身背巨石苦用功。

練　法

1.兩掌按地，兩腳趾尖著地，身體伸直伏地，肚腹離地4寸懸空，不許貼地，身體向後縮身後坐。（圖204）

2.四肢撐起，身體重心向前伏身躍起，頭稍上抬，塌腰聳肩，仰首挺項，後腳掌變成腳尖點地，重心落在掌與腳尖之上。（圖205）

3.接上勢持久練，至四肢不覺費力時，可變掌為拳，兩拳面拄地，身向後縮，以腳掌尖和拳面支撐全身重量，身體挺直，肚腹不貼地。（圖206）

4.接上勢繼續練習，依上法練習前伏身，拳頭和腳尖支

圖 206

圖 207

圖 208

圖 209

撐全身，塌腰聳肩，仰首挺項。前後移動一次做 10 下、20
下、50 下、100 下，至 200 下而不覺疲勞時，再改變為指法
支撐，或用單足趾支撐，一足疊放上面練習。（圖 207）

　　5.接上勢繼續練習，慢慢由拳變指支撐身體，做後縮身
體動作，身向後縮肚腹不許貼地。此段也可用單足趾支撐練
習。（圖 208）

　　6.依上法反覆鍛鍊，如毫不覺費力，則初見成效。（圖
209）

　　以後可由五指變四指，再變三指，又變兩指，甚至變一
指，逐步進展，無不見效。

　　7.臥虎式身上背 30 斤石塊，練習後縮身伏的動作，漸
漸練至不覺勞累，則日日增力，月月增石重量，運轉自如。
（圖 210）

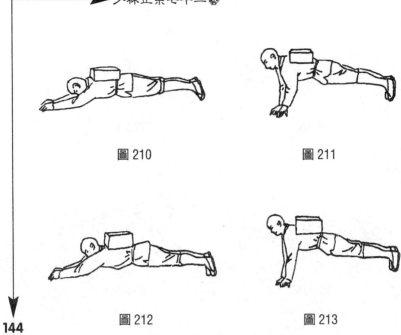

圖 210　　　　　　　　圖 211

圖 212　　　　　　　　圖 213

8. 慢慢背負石塊，重達 50 斤，仍然練習自由，前伏後縮反覆連做 200 下至 300 下，每天共練習不少於 1000 下為度。（圖 211）

9. 經數年功夫，直至石塊重達 80 斤，背負身上，仍練至前後伏縮自如，功夫進展很快。（圖 212）

10. 直至身上石塊增加重達 150 斤，仍然可以做伏縮動作，一次 300 下，每天保持 4 次，共做 1000 多下，當不覺乏力時則告成功。此時仍要持久不懈，練習切不可中斷，否則不進而退。（圖 213）

【功法略解】

1. 少林臥虎功，又名「伏臥挺身」，又叫「睡功」，又稱「貓功」，是少林正宗七十二藝中硬功外壯法，屬陽剛之

勁，兼陰柔之耐力，是練習手指和腳趾的主要功法，也是少林寺眾僧經常演練的四肢功夫。

2.少林臥虎功在武術中有著重要作用，練成後足尖即有數百斤至千斤之力，指尖也有數百斤近千斤之力。如與敵搏鬥，觸敵一指，敵即內部傷殘；點中穴位，則有閉住血脈、停止血液循環的危險，使敵當即斃命；重傷骨縫筋絡，即有傷筋斷骨可能，腳尖彈重敵人，有粉身碎骨的威力，力不可擋，手指和足趾勝似槍刀。少林寺武僧歷代皆有習此藝者，如唐代空空、善護，宋代靈敏、惠深，元代子安、邵元，明代悟雷、洪榮、慶旺、同隨、雲魁，清代祖梁、清蓮、真靈等都精此藝。

3.練習少林臥虎功的重點：以練習人身手指和足趾兩處之勁力為主。要循序漸進，不可忽冷忽熱或急於求成。要常久練習，堅持不懈，功夫方可日有所增。

附：練功秘方

川烏 30 克、草烏 30 克、南星 30 克、蛇床子 30 克、半夏 30 克、百部 30 克、花椒 30 克、狼毒 30 克、藜蘆 30 克、透骨草 30 克、地骨皮 30 克、海牙 30 克、紫苑 30 克、地丁 30 克、硫磺 60 克、乳香 20 克、沒藥 20 克、勾藤 10 克、青鹽 120 克。

以上諸藥用醋 6 碗、水 6 碗，煎至 9 腕。每日練習後，溫湯洗手指、足趾，用半月後換藥另煎。

【功效】：消腫袪毒，舒筋活血，加速功法進展。

少林高僧真靈法師曰：

　　臥虎功法寺內傳，遺流至今千百年。

　　練至關節通靈處，一指霹雷萬人寒。

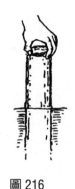

圖 214　　　　　　圖 215　　　　　　圖 216

三十二、拔山功

歌訣曰：

拔山功法氣力大，練習三指賽釘鈀。

強敵若中我的爪，疼痛哀告跪地下。

練　法

1.先用茶碗粗細的木樁一根，長5尺，下埋3尺，上露2尺，加砂石砸緊築實，使木樁穩固，絲毫不能活動。每日用拇、中、食三指抓捏上提。初練時無絲毫移動，逐日漸進增力，經久抓提，木樁則會微動。至木樁漸漸上升，到完全拔出時為止。練習時要垂直用力，向上抓捏拔提，不准向兩側搖動。（圖214）

2.再用同上粗細的木樁，長6尺，下埋4尺，上露2尺，依上法朝夕苦練，慢慢拔之。至完全拔出時為止，再更換更長些的樁。（圖215）

3.依上法選擇茶碗粗細、7尺長的木樁埋入地下5尺，

  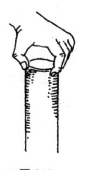

圖217　　　　　圖218　　　　　圖219

上露2尺。按以上拔法拔之，天天練習，至漸漸增力，拔出木樁為止。（圖216）

　　4.用7尺長、茶碗粗細的木樁，埋地5尺，上露2尺。繼續用拇、中、食三指抓握捏提，練至應手而拔出地面。（圖217）

　　5.用茶碗口粗細的鐵樁，埋地9尺，上露2尺。依上法用中、食、拇三指捏抓上提，繼續鍛鍊。（圖218）

　　6.經數年純功，勤苦修煉，終久應手而拔出丈餘長的鐵樁，即大功告成。但仍須堅持不懈，不可停頓，停則不前而退步。每練習後，則空手抓握，以舒其筋骨。（圖219）

【功法略解】

　　1.拔山功是少林正宗七十二藝中的硬功內壯功法，屬陰柔之勁路，是專門練習手指的重要功夫，為少林寺武僧練指不可缺少的功法。

　　2.拔山之功在少林武術技擊中有著重要的作用。功夫練成之後如與敵搏鬥，三指捏住敵人則敵難逃脫；觸敵則傷筋動骨；捏敵穴位脈門則可閉其血脈。無論為人或為物，只須

147

一舉手之間定勝負。少林寺歷代皆有精此技者：如明代有覺訓、本來，可改、道時，清代有祖欽、清性、靜樂、真寶、海寬、湛舉、寂袍、寂敬等。

3.練少林拔山功夫的要點：練習此功完全以手腕之虛力，練提挈之功。功成後陽剛之勁足，如再練習其陰柔之勁，則技藝可登峰造極。須漸進而莫要猛進，「冰凍三尺非一日之寒」。

附：練拔山功洗手秘方

地骨皮 30 克、透骨草 30 克、紅花 10 克、雞血藤 15 克、乳香 15 克、甘草 10 克、五加皮 15 克、羌活 15 克、青鹽 60 克。

以上諸藥用水煎之。練功後洗手指和手腕、全掌等部。洗半月後，可以另換煎藥。

【功效】：可消腫去毒，舒筋活血，加速練功。

少林高僧靜樂法師曰：

提挈拔山功法強，指腕陰柔堅如剛。

憑空抓之威力大，觸及對手筋骨傷。

少林古寺傳絕藝，實戰應敵心不慌。

三十三、金龍手（合盤掌）

歌訣曰：

金龍手法搓切功，合盤抓握筷把擰。

苦旋搓摩數十載，鐵筷細長一倍增。

對搓筷長藝驚人，兩掌搓力妙無窮。

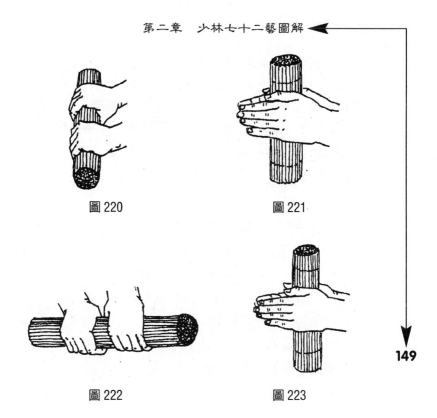

圖 220　　　　　　　　　　圖 221

圖 222　　　　　　　　　　圖 223

練　法

1.初練習時取竹筷 30 支，用絲弦牢固紮繫成捆。兩手虎口相對抓握竹筷，用力向相反方向擰轉。（圖 220）

2.兩手擰過以後再互相對搓，每天練數次，每次擰轉搓練數十遍、數百遍，不可間斷。（圖 221）

3.兩手再握 30 支一把用絲弦紮緊的鐵筷，向相反方向擰旋轉動，依上法繼續練習。（圖 222）

4.兩手用力搓切鐵筷，用內勁搓切，經久磨練。（圖 223）

5.左右兩手抓握鐵筷，對擰旋轉，微使筷彎曲。（圖224）

圖224

6.兩掌用足勁力，對搓鐵筷，鐵筷漸漸因年深日久的搓壓而變細，並長出三分之一。（圖225）

7.左右手抓握擰轉，或雙掌用力對搓，經數年後鐵筷變得更細而長出三分之二。仍要銳意進修，不可間斷。（圖226）

8.左右兩手抓探搓切，逐漸使鐵筷變細，而長度增加一倍。此大功告成，必須經過十幾個春秋，方可練成此絕妙功夫，直練至鐵筷彎曲自如，方為老到。（圖227）

【功法略解】

1.金龍手又名「金龍掌」，也叫「合盤掌」，是少林正

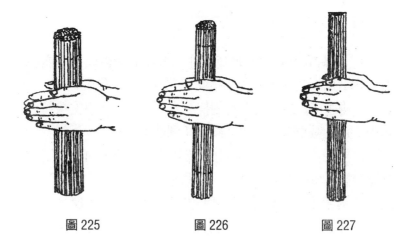

圖225　　　　　　圖226　　　　　　圖227

宗七十二藝中硬功外壯之功，屬陽剛之勁路，是專練兩掌部的重要功夫，為少林寺僧經常練習的一種功夫。

2.少林金龍手法在少林武術技擊實戰中有著一定的防守作用。如與敵搏鬥，搓敵則受傷，令其失去戰鬥能力；抓擰敵人之手，則筋斷骨碎；按敵人之眉尖，則骨頭粉碎，威力驚人。少林寺歷代皆有精此藝之武僧：如隋代志剛，唐代寶輪，宋代福湖、洪惠，元代惠矩、惠鐘、智元，明代了真、圓空、悟性、同梁，清代真珠、湛德、寂亭等人。

3.練習少林金龍手的要點：要循序漸進，不要性急，至少要 15 個年頭方可成功。寺內的和尚往往幾十年才練成此功，絕非輕而易舉可以成功的。此功完成後，無論何物，舉手一搓，立時粉碎。縱鐵石之堅，也難以相抗。

附：洗手秘方

川烏 6 克、草烏 6 克、乳香 6 克、沒藥 6 克、靈仙 6 克、木瓜 6 克、紅花 6 克、當歸 6 克、虎骨 6 克、秦艽 6 克、神曲 6 克、赤芍 6 克、牛膝 6 克、申薑 6 克、延胡索 6 克、紫石英 6 克、地荔子 30 克、落得打 30 克、絲瓜絡 20 克。

以上諸藥用醋 6 碗、水 6 碗，煎成 9 碗。每日練功後，先摩擦後洗手，用 3 次後再添少量醋和水，再煎再洗手。如此一劑藥湯，可以連用半月至 20 天。

【功效】：消毒退腫，舒筋活血，強壯骨骼，加速功法的進展。

少林高僧可政法師曰：

　　金龍合盤掌法玄，苦修撐搓數十年。

　　練成兩掌威力大，雲遊八方會名賢。

懲制惡霸和歹徒，普救眾生濟良善。

三十四、推山功（推山掌）

歌訣曰：

> 推山神功威力顯，古寺流傳千百年。
> 唐代空空傳此藝，伏虎禪師繼先賢。
> 洪淵法師練功苦，圓勝清眞緊相連。
> 歷代高僧精此技，驅賊防盜護寺院。

練　法

1.用土坯或磚石壘成一個長形平臺，長1丈5尺，寬3尺，高2尺7寸，再用石灰抹平鋪上一層鐵板，或者厚鐵皮。初練時用80斤的方塊青石，放在臺上一端，練功者面對石塊站立或做弓步勢。上體距離石塊1尺半左右，然後雙掌置於石面上平推，也可以左右手交替單掌推，推石時要以臂、腕、掌三部之力，上身不要前傾，以身體重量壓石。不必急於求成，初時以略推動為佳，即使不能使石移動，也盡可以意推之，日久月深自見成效。（圖228）

2.繼續鍛鍊，至雙掌能推動120斤重的兩塊青石溜出數丈，則功夫進

圖228

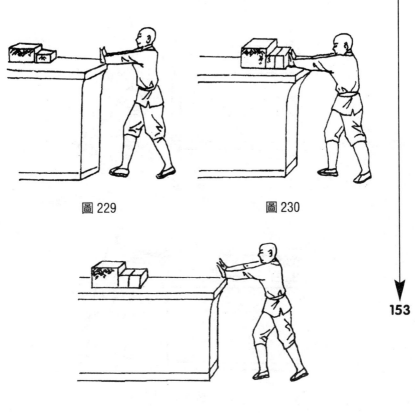

圖 229　　　　　　　　圖 230

圖 231

一步。（圖 229）

　　3.繼續練習，可再加青石塊，共 3 塊青石，重達 160 斤，雙掌推之微動。用力要漸進、徐緩，不可操之過急。（圖 230）

　　4.繼續練習，至雙掌可推出 3 大塊青石，重達 200 斤，溜出數尺。更要不停地練習，不可中斷。（圖 231）

　　5.雙掌推出平臺上面的 5 塊青石，重量達 240 斤，溜出

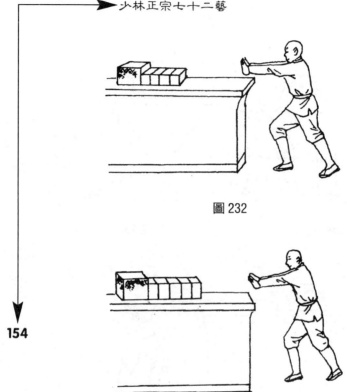

圖 232

圖 233

數尺。此時繼續苦練推力，可再加一塊青石。（圖232）

　　6.至雙掌能練習推動6塊青石，重達280斤重，溜出數尺。仍銳意修煉，繼續增加石塊重量。（圖233）

　　7.練至雙掌能推出7塊青石，重達320斤，溜出數尺以外。還要加功練習，氣力日增。（圖234）

　　8.雙掌練至可推動8塊青石，重達360斤，溜出數尺以外。應奮力練至8塊青石能溜出丈外，則第一步功夫告成。此時兩臂力量已極可觀，但屬死功夫，與人搏鬥，未必能結

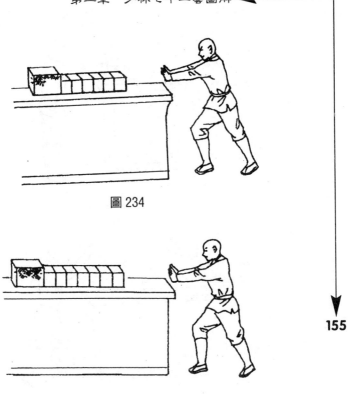

圖234

圖235

合實戰應用。還須進一步練習猝勁，宜專注於掌面的後部與手腕兩處，練法與上法大致相同。（圖235）

　　9.把臺上青石搬去7塊，留下第一塊青石，以掌指按在上面，掌根抵石，步法同上。然後運使全臂之力於小臂和手腕之間，發勁時手指緊按石面，將兩掌根離石3寸，運氣發力，向上一捏，80斤青石塊則應手躍出。（圖236）

　　10.雙掌向上猛力後提，80斤青石塊躍出數尺開外。（圖237）

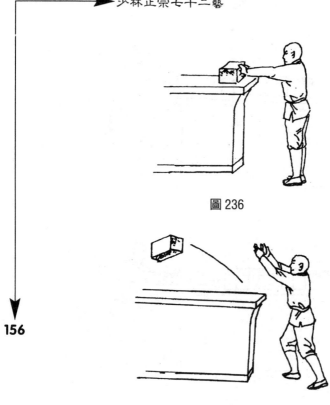

圖 236

圖 237

11. 雙手發勁上提，練習經久，彈出青石兩塊（120
斤）數尺遠。再增加石塊重量，繼續練習。（圖 238）

12. 雙掌用勁發力，漸漸練習，能彈出青石 3 塊，重
160 斤，躍起數尺至丈遠。（圖 239）

13. 練習雙掌發力用勁，能彈起青石 4 塊，重達 200
斤，躍起數尺至丈遠開外。仍按次序奮勇練習，日增氣力，
加重石塊。（圖 240）

14. 雙手上提，用勁發力，能彈出青石 5 塊，重達 240

圖 238

圖 239

圖 240

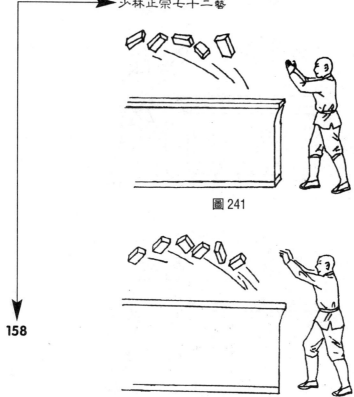

圖 241

圖 242

斤，躍至數尺，飛出丈遠開外。仍要繼續鍛鍊，積極用功進步。（圖 241）

15. 練習已久，雙手上提，用勁發力，彈出 6 塊青石，重量達 280 餘斤，躍起數尺，飛出丈遠以外。功力進展，天天增長。（圖 242）

16. 經年深日久，歲月磨練，雙掌用勁發力上提，可以彈出 7 塊青石，重達 320 斤，躍起數尺，飛出丈遠開外。（圖 243）

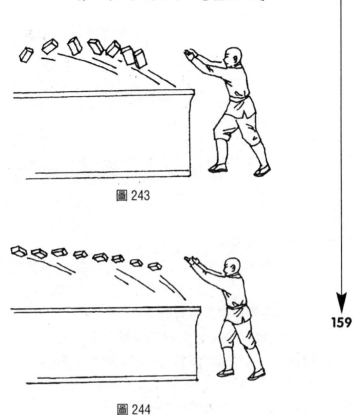

圖 243

圖 244

17. 經過十數年功夫，日夜磨練，終能推出 8 塊青石，重達 360 斤，躍起數尺，飛出一丈開外。至此功夫驚人，要 15 個春秋，方可練成。必須有堅定的信心，才可成功。（圖 244）

18. 雙掌向上提向後猛拉，用勁力憑空吸回數尺距離的石塊。此功夫最難練習，須 30 年苦功，方可見成效。在此只作一提，不作詳細解釋，將在少林正宗神功一書上再作細論。（圖 245）

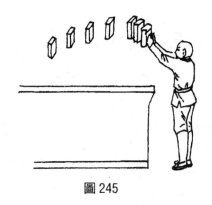

圖 245

【功法略解】

1.推山功夫是少林正宗七十二藝中的硬功外壯法，屬陽剛之勁路，主要練兩掌發勁之功法，並兼練兩掌之猝勁，也是少林寺僧經常習練的功夫。

2.推山功夫在少林武術技擊上有著一定的作用。如與人搏擊時，掌到處敵即擲出丈外；敵來勢我用掌招之即傷，其威力巨不可擋，更可借人之力而制敵。但如不慎重則會誤傷好人，因此要守武德，遵戒約方可無誤。

3.練習推山功夫的基本要點：要慢進而勿猛進；要堅持耐久，不要忽冷忽熱。此功是專練掌心的發勁之功法，兼練兩腕部的猝勁，其功效略與剛柔勁法相似。練成功之後，無論力大力小之人，只須一著手，無不應手躍出丈外。

附：練功內壯藥方

當歸120克（酒洗）、川牛膝120克（酒洗）、魚膠120克、虎骨120克（醋炙）、枸杞子120克、川斷120克、補骨脂120克（鹽水炒）、菟絲子120克、炒蒺藜30克、蟹黃240克（炒）、力參10克。

以上諸藥共研細末，煉蜜為丸，每次服 9 克，練功前用黃酒送服。

【功效】：強筋壯骨，增加內壯補力氣，加速功夫的進步。

附：洗手秘方

紅花 3 克、枳殼 5 克、牛膝 6 克、五加皮 5 克、杜仲 5 克、青皮 5 克、乳香 5 克。

以上諸藥加水煎洗手，每日練功後溫洗兩掌和掌腕部。10 日後另換新藥，再煎再洗。

【功效】：有舒筋活血、壯筋強骨、增加功力之效。

少林高僧如淨師太曰：

> 推山功法奇妙玄，內裡玄機難說全。
>
> 功夫練到靈敏處，法到終期理自然。
>
> 若想解透功夫深，少林神功自詳參。

三十五、踢木樁（踢樁功）

歌訣曰：

> 踢樁本是腿腳功，反正左右踢彈蹬。
>
> 練成兩腿硬如鐵，對敵應戰力無窮。

練　法

1.用木樁埋栽於地下 2 尺，上露 4 尺至 5 尺，粗似碗口，靠樁近處的地上用磚石砸結實，把樁穩固無動搖之狀。練功者用腳外側向樁踹踢，左右腳交替互換踹踢。（圖246）

2.練功者用腳正面向木樁踢蹬，左右腳交替互換蹬踢。

圖246　　　　　　　　　　　　圖247

初練時腳和踝部小腿有些疼痛和疲勞，以後漸漸持恆習煉，日增氣力，逐漸不覺勞累和疼痛。（圖247）

3.練功者用腳後跟向木樁踢擊，仍然左右腳互相交替輪換蹬踢，每天早、午、晚分3次練習，或者加子時共分4次踢樁，每次踢擊30腿、50腿、100腿，漸漸加至一次200腿、300腿，至500腿，每天可踢擊1000腿至2000腿，不覺勞累。（圖248）

4.用腳內面踹踢木樁，左右腳交替輪換踢擊，朝夕不停，日夜奮鬥。（圖249）

5.用腳正面向木樁彈踢，心意中想像木樁為敵人下部各要害部位。半年以後兩腿初見有力，1年半以後功夫已非平常之人所及，並且因踢擊時氣隨力注之故，使下部功力穩固，用足氣力站定，三、四人推之也不能移動。（圖250）

6.用腳橫踹木樁，把木樁踹斷。因年深日久，天天踹，月月踢，終將木樁踹斷，腿腳之力已無人比矣。如踢擊敵人，則應聲跌仆，第一步功夫已成就。（圖251）

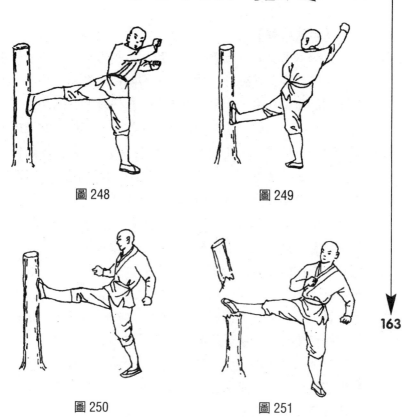

圖248　　　　　　　　圖249

圖250　　　　　　　　圖251

　　第二步按踢樁法練習踢擊志石。志石上窄下寬，是習武場用於舉踢平端的器械，輕者重80斤，至100斤、160斤、200斤、240斤、280斤、300斤、340斤，最多重至1000斤。初踢時足趾觸之，感覺有疼痛，習練時間一長，自然不覺疼痛。練習時左右前移，隨進隨踢，兩腿交替互換，輪流向前踢擊，至能一腳踢開200斤志石躍出數尺，全功告成。但也不准中斷，要繼續奮踢更重的志石，如能踢動千斤志石則功力上乘也。

【功法略解】

1.踢木樁又叫「踢樁功」，也稱「拍木樁」，是少林正宗七十二藝中硬功外壯之功法，純屬陽剛之徑路，是專供練習腿腳的重要功夫，也是少林寺內經常研練的一種功法。

2.少林踢木樁功法在少林武術技擊中有著重要的進攻作用。如功夫練成後，與敵搏鬥，用腿踢敵人，敵即筋斷骨折被踢出丈外，跌倒地上而受重傷；如敵來踢我時，用腿迎之，敵則擲出遠方，威力無比。少林寺武僧歷代皆有練此功夫者，如唐代圓靜，宋代惠心、靈邱，元代大智，明代本整、玄慈，清代祖良、靜樂、真珠、海寬、湛可、淳密、貞緒等，俱精研此技。清末民初名震中洲的少林高僧、武術大師貞緒大和尚，一足踢起250多斤重的鐵鐘鼻子丈餘以外，功力驚人。一般之人連搬都搬不動，何況用足踢！這是幾十年如一日晝夜操勤練就的絕技，非一日之功。

3.對於踢木樁功夫的練習重點，少林拳譜有言：此功要學而不倦，會而不厭，勤習苦練，方可成功。要徐徐漸進，不可性急猛進，否則損害個人身心健康，不進而退矣。

附：練功洗腿秘方

川烏30克、草烏30克、南星30克、蛇床子30克、半夏30克、百部30克、花椒30克、狼毒30克、藜蘆30克、透骨草30克、地骨皮30克、五加皮30克、紫苑30克、地丁30克、龍骨30克、海牙30克、硫磺60克、乳香15克、沒藥20克、海風藤15克、青鹽130克。

以上藥物，用醋6碗、水6碗，前至9碗。每天練功後，以溫湯洗腿腳，用7日以後再添醋水另煎燙洗。一劑藥可用21天，再換新藥。

【功效】：可以幫助消腫去毒，舒筋活血，強壯骨骼，促進功法的進展。

少林高僧貞俊大師曰：

踢木椿功漸漸成，朝朝修煉苦用功。

單腿練至踢千斤，方知玄妙顯其能。

少林高僧貞緒大師曰：

從師少林練硬功，學習兩腿把椿蹬。

每天踢椿兩千腿，一晃光陰數十冬。

若非兩腿成鐵棍，敢與鐵鐘互相爭。

江南第一腿劉百川老師曰：

腿踢木椿是硬功，陽剛外壯力量增。

兩腿運轉如閃電，連環急發快如風。

跟師練成兩條腿，遊遍乾坤會群雄。

165

三十六、鷹爪功

歌訣曰：

鷹爪神功須持恆，經久磨練逐見功。

練成兩爪硬成鋼，抓拿強敵不留情。

練　法

1.初練習此功，先用小口磁壇兩個，重約10斤。兩壇共重20斤。兩手各抓一個壇口向上提，壇口很滑，初練不好抓住，數月以後，可以漸漸任意升降自由。（圖252）

2.天天練習，月月加重，壇內放沙子增重，每壇加沙10斤，兩壇共加20斤，總重量達到40斤。繼續練習，應手抓起，如運力升降自由，則更進一步。（圖253）

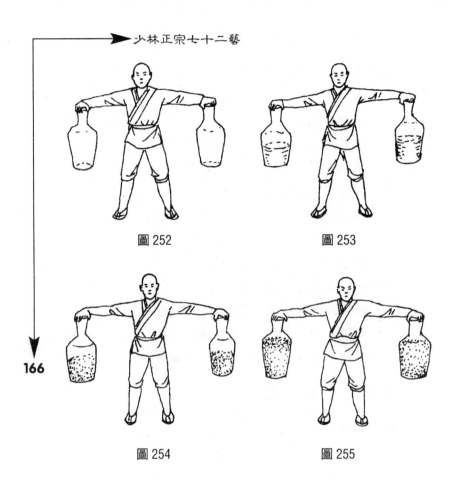

圖 252　　　　　　　　　　　圖 253

圖 254　　　　　　　　　　　圖 255

166

3.每壇加沙子 15 斤，兩壇連皮共 70 斤重量，仍然抓提升降自由。（圖 254）

4.每一壇加沙子 25 斤，兩壇共重達 120 斤。經過持久苦練，仍然應手提起，運用自由，並可以延長半個時辰不落地。（圖 255）

5.漸漸練習日久，每一壇又加沙子 30 斤，兩壇總重量達 180 斤。逐步練至提升自如，降下靈便，不覺費力。（圖 256）

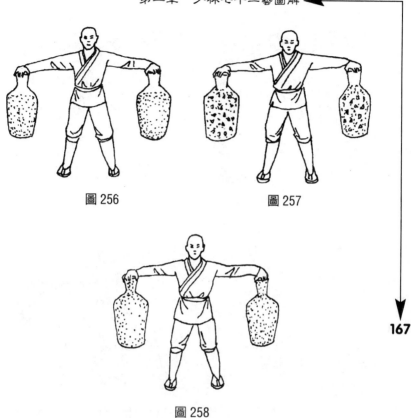

圖 256　　　　　　　　圖 257

圖 258

　　6. 經年深日久，持恆苦練，每壇加重 35 斤沙子，兩壇總重量達到 250 斤，仍然練到毫不費力地提升落降，運用自如。（圖 257）

　　7. 兩壇可換鐵沙子，每壇盛鐵沙子 140 斤，兩壇共計重量達 300 斤。仍然堅持鍛鍊，晝夜拼搏，練至應手提起，升降自如。每天 3 次，每次可提起繞場子或院子走上幾圈，約提半個時辰到兩個時辰，不覺勞累和費力時，即大功告成。（圖 258）

圖 259

圖 260

8. 每天早晨，向日光張開兩手五指，作抓拉之狀，練習陰柔功夫。逐日增力氣，月月長功夫，奮勇直前，毫不鬆懈。（圖 259）

9. 經長期練習，直到陽剛之氣脫去，

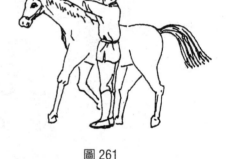

圖 261

轉成陰柔之功練習之。待功成後可以應手吸抓空中飛鳥，如射中而墜落（圖 260）。

10. 再漸漸練之，與劣馬相距丈餘，作勢挽之，似攬繩在手，可以隨意控制其馬左右。功夫再深則可控制馬向回退。（圖 261）

【功法略解】

1. 鷹爪功夫又叫「龍爪功」，也稱「大擒拿手」，是少林正宗七十二藝中內外功與軟功相兼之功法，屬於剛柔相濟

之勁路，陰陽相結合之力氣。它是專供練習指部的重要功夫，也是少林寺武僧朝夕練功不可忽視的功法。

2.鷹爪功力的練習，有「剛勁」、「柔勁」兩種之分。兩種勁路是分不開的，剛以柔為基礎，又靠柔來起作用。也就是說：柔勁再活再迅速，觸人身體如螻蟻登泰山，無濟於事也；剛勁再硬再深，沒有柔勁配合，也屬死功不能活用，難以施展。因此，剛柔二者勁路是相互對立的統一體，陰陽對立互生，缺一不可，互為利用，互為並重。

3.鷹爪功力在少林武術技擊中有著重大作用。練成功後與敵搏擊，招之敵即重傷，如中利刃一般，甚至洞胸入臟腑。此五指若著物體，其力則實，屬陽剛之勁路；如憑空作勢抓之，其力則盛，屬陰柔之勁。陰陽互生，要習陽而後再習陰，剛柔併用，因此練習要柔而濟剛。五指著物抓提，是練習堅固之基礎；憑空抓之，以避其陽剛之氣而生陰柔之勁力。此功須反覆練習，如剛柔相濟時，抓人血氣之穴，則應手而閉住矣，威力驚人。但要持恆練之，不可中斷。少林寺歷代武僧皆精此術，如唐代空空、伏虎，宋代洪惠、洪淵，元代智元、平安，明代圓勝、月領、痛禪，清代清蓮、靜修、真靈、如淨等都精研此功夫。

169

4.練習少林鷹抓功力的要點：要先練習陽剛之實力，後練習陰柔之虛力。剛柔相濟，虛實相合，方可玄妙，用之應手。

附：練功洗手秘方

川烏6克、草烏6克、乳香6克、沒藥6克、威靈仙6克、木瓜6克、紅花6克、當歸6克、龍骨6克、秦艽6克、大曲6克、赤勺6克、牛膝6克、申薑6克、延胡素6

克、紫石英 6 克、地茄子 30 克、落得打 30 克、雞血藤 20克。

以上藥物，用醋 5 碗半、清水 5 碗半，煎至 8 碗。每日練功以後，先摩擦兩手再洗手。用 3 次再煎再洗，一劑藥可以用 10 天，以後再換新藥煎湯。溫洗可以去毒消腫，舒筋活血。

少林點打名師如淨師太曰：

鷹爪功力少人修，陰陽軟硬匯剛柔。

少林苦修數十載，解透玄機奧妙求。

祖師精心傳真藝，還須弟子苦恆修。

三十七、斬魔劍

歌訣曰：

單手分石磚，七十二藝參。

四更砍米袋，星夜砍床板。

午時砍飯桌，餐後環壁砍。

皮破血花飛，春冬苦研練。

遊步砍木人，縱橫劈偶臉。

苦練一百天，單手能分磚。

練 法

1.初步練習時，可用掌砍切木塊。苦恆磨練，朝夕砍之。（圖 262）

2. 3 年以後練到能把木塊砍出凹陷。仍然繼續奮鬥，拼搏練習之。（圖 263）

3.再經 6 年苦練，每砍一掌，木塊即有刀切深痕。（圖

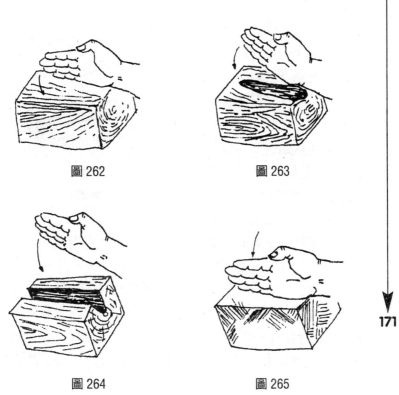

圖262

圖263

圖264

圖265

264）

　　4.將木塊更換為青石塊，天天砍之，持恆苦練。（圖265）

　　5.再砍6年後，掌砍到時，當即有小石塊飛下。（圖266）

　　6.再砍10年後，每砍一掌如刀切，切痕四周依然如

圖266

舊。（圖 267）

7. 用鐵盤盛鐵屑，厚尺餘。砍時掌下去屑即分開，掌提起時，屑即合聚如初。（圖 268）

8. 再砍鐵屑 6 年後，砍掌提起時鐵屑仍然有向兩邊排開之痕。（圖 269）

圖 267

9. 再繼續練習砍切掌 2 年以後，掌砍到鐵屑即飛起向一旁，掌閃開切痕見底，底痕處無有一屑存在。（圖 270）

10. 再經 1 年練習以後，若舉掌連砍之，可把鐵屑切成數塊，如刀切豆腐一般，平滑均勻，完整平齊，前後總共要經過 35 個春秋。練至此時，斬魔劍大功已告成。但要繼續練習，奮勇苦練，才能保持登峰造極之功力。（圖 271）

【功法略解】

1. 斬魔劍功又名為「觀音掌」，為少林正宗七十二藝中

圖 268

圖 269

圖 270 　　　　　　　　　　圖 271

柔功外壯功夫，屬陰柔之勁路。它是專供練習掌部的功法，也是少林眾武僧經常練功不可缺少的重要功夫。

2.少林斬魔劍功夫，在少林武術技擊中有著重要的作用。此功夫練成之後，觸敵則筋斷骨折，利害如刀，無人可擋。敵來擊我時，隔之敵則損骨折臂。少林寺歷代武僧皆有練此技者，如隋代的子升、靈隱，唐代福居，元代智聚，明代了改、悟雷、周福、廣順、玄敬，清代清倫、真珠、湛舉、寂聚、淳錦、貞秋、貞俊等都精研此功夫。

3.關於練習少林斬魔劍功夫的要點，拳家有言：此種功夫主要練習掌腕側部之法，與其它的砍手相同。重要是持恆磨練，循序漸進，鋼樑磨成繡花針，功夫達到自然成。

附：練掌功秘方

川烏 3 克、草烏 3 克、天南星 3 克、蛇床子 3 克、半夏 3 克、百部 3 克、花椒 30 克、狼毒 30 克、透骨草 30 克、藜蘆 30 克、龍骨 30 克、海牙 30 克、地骨皮 30 克、五加皮 30 克、紫苑 30 克、地丁 30 克、青鹽 120 克、硫碘 30 克、劉寄奴 60 克、秦艽蒂 3 克、乳香 12 克、沒藥 12 克、青風

藤 15 克、絲瓜絡 18 克、桑寄生 12 克。

以上諸藥加好醋 7 碗、清水 7 碗，煎成 10 碗。洗手時先將藥水放爐火上溫熱，再將手放入燙洗，至藥水極熱時取出手。

【功效】：去毒消腫，舒筋活絡，舒通氣血，強壯骨骼。

少林高僧湛舉法師曰：

斬魔劍功威力雄，砍劈運使似切蔥。

苦修苦練一雙掌，力劈頑敵一掃平。

弱士一見心害怕，成名高手也膽驚。

三十八、玄空拳

歌訣曰：

玄空拳訣妙無窮，沖擊空拳三十冬。

每天沖打三千拳，年深日久有玄功。

練 法

1. 每天夜半子時，向井中沖打 300～500 拳。（圖 272）

沖打 15 年，井中即有響聲；沖打 30 年，可一拳打至水底，水花濺起。（圖 273）

2. 每天早晨起來，面向太陽沖打 500 拳。（圖 274）

3. 每天晚間沖擊月亮 500 拳，如果沒有月亮時，可以沖打燈燭，也打 500 拳。（圖 275）

4. 以上 3 法結合，每天習練 3 次，也可加上中午沖打太陽 500 拳（圖 276），每天保持 2000 拳。平時有閑時，也

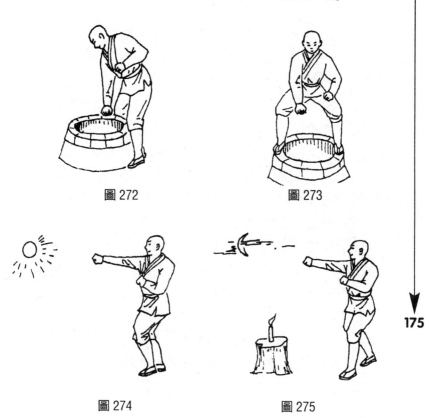

圖 272　　　　　　　　　　圖 273

圖 274　　　　　　　　　　圖 275

175

可加打拳 500 至 1000 拳。30
年苦修玄空拳功，可以在 10
步以內舉拳沖之，敵人當即可
倒地。但不可間斷練習，要持
恆奮鬥，方保成功無誤。

【功法略解】

　　1. 玄空拳又叫「陰拳
功」，也稱「陰手」，是少林

圖 276

正宗七十二藝中軟功內壯功法，屬陰柔之勁路。還稱「井拳功」、「百步捶」，是專供練習拳部的重要功法，為少林寺武僧經常研練的功夫。

2. 玄空拳在少林武術技擊也有一定的對攻拼搏之用。功夫練成與敵搏擊時，可拳擊人倒，重者傷及內部臟腑。敵來擊我時，撥之則傷筋斷骨，重則可身殘喪命，力不可擋。少林寺歷代都有精此技者，如唐代伏虎，宋代靈丘，元代智安，明代了真、玄悲、玄魁，清代海潤、清雲等都精研此技，是少林寺眾武僧練武練功的重要功夫。

3. 習練玄空拳應注意的要點：練此功夫心情不可急躁，不能急於求成，要有耐心、恆心，至少要 15 年初見功效，須 30 年純功方可成材，不可中斷，停而不進則後退。

176

少林高僧貞方大師曰：

> 玄空拳法力量疾，拳擊人倒十步里。
>
> 練至功力大無比，我也不知有玄機。

三十九、金砂掌（摩擦術）

歌訣曰：

> 少林金砂掌，相摩擦胸膛。
>
> 兩掌插黃豆，再插黃米箱。
>
> 三擦黃砂粒，鐵砂一柱香。

練　法

1. 每早東方一現白色，即起身併齊兩足面東站立於空場上，閉住口，舌抵上腭，凝神靜氣，兩手相合，互相摩擦掌心 20 次。（圖 277）

圖 277　　　　圖 278　　　　圖 279　　　　圖 280

2.把右掌心貼於前胸，左掌心貼於脊背後，前後兩掌心相對，互相摩擦 50次。（圖 278）

3.把左掌心貼於前胸，右掌心貼於後脊背，兩掌心相對，互相摩擦 50 次。（圖 279）

每次在胸背上用兩掌摩擦時，不要開口吐氣，應用鼻口吸氣，向胸膛運送，如此久而久之，自覺有一團精氣凝聚胸膛，

圖 281

177

突起如球。一次突起後，再將突起中所聚之精氣緩緩運向兩臂，由兩臂漸達指端。

4.用箱子或瓷缸裝滿黃豆。先用右掌直插而下擦黃豆，兩掌交替相擦（插），每天 500 插，兩掌總共 1000 插。（圖 280）

5.再用左掌插黃豆，兩掌交替直向下插，逐漸增至每掌2000 插，兩掌每天 4000 插，苦練 3 年。（圖 281）

6.再除去黃豆，換成黃米粒，兩掌互相交替輪換直插，

圖 282　　　　　　圖 283　　　　　　圖 284

漸漸增力，天天磨練，逐步增加至兩掌每天 5000 插，又須練 1 年功夫。（圖 282）

　　7.再除去黃米粒換成黃砂粒，兩掌互換交替直力向下插擊，漸漸增加，每天兩掌保持 6000 插，練 1 年半功夫。（圖 283）

　　8.除去黃砂粒再換成生過鏽的鐵砂子，兩掌互換交替向鐵砂內插。初覺微疼痛，慢慢練之不覺疼痛。也可兩掌同時向下插去，每天兩掌達到 1 萬插。至練到兩掌向下直插能一插到底時為度。（圖 284）

　　無論黃豆、黃米、黃沙粒、鏽鐵砂，都可保持 1 尺厚方為合適。如一掌插透，此功夫大告成功。但是不可中斷，更不可休息，才能繼續保持功夫不退。

　　【功法略解】

　　1.金砂掌又名「摩擦術」，也稱「鐵叉手」，是少林正宗七十二藝中硬功外壯功法，屬於陽剛之勁路，兼內壯之氣力。它是專供練習兩掌指的功夫，為少林寺武僧經常練習的功法。

2.金砂掌在少林武術技擊中有著重要作用。功夫練成之後若與敵人搏鬥，敵來手擊我時，我用掌指撥之，敵即傷筋斷骨；我若用掌指觸敵身，則洞穿敵胸腔（腹），傷其內部五臟六腑。少林武僧在坐功時，也有手不離沙子做插沙功夫的。歷代皆有名人，如唐代的空空、靈隱、圓靜，宋代的洪溫、同鐘，元代的智深、子安，明代的覺訓、了義、圓勝、悟雷、廣順、道時、同替、祖欽，清代的清倫、真珠、如量、海參、湛舉、寂聚、寂停、淳錦、淳念、貞恆、貞秋等武僧，都精研此藝。

少林寺二十九世著名武僧貞秋大師，於 1873 年回故鄉探親時，在關外錦州南門外懲制搶男霸女的惡少爺黃公子，就是用少林金砂掌功夫。他插擊點碎了黃少爺的命門腰脊椎，使惡徒當場軟癱扒地，永久殘廢，為百姓廢了一方的惡霸，救濟了黎民的疾苦，揚了少林武威。此金砂掌屬於六門砂掌的一種，是少林武僧秘傳的功夫。

179

3.對於練習金砂掌的要點，少林拳家有言：此功練習簡便易行，為點穴和卸骨的基本功法。要漸行而不要急進，免傷手指，漸漸練至插擊一炷香的時間毫無感覺，功夫即告成功。前後至少要 6 年，功成穩固時須 10 年苦功。

附：練金砂掌藥方

地骨皮 30 克、乳香 15 克、黃芪 20 克、甘草 18 克、青鹽 50 克、枝子 15 克。

以上藥物，加清水煎湯，練功後溫洗手掌和指部。用過 7 天後，再另換新藥洗之。

【功效】：可以消毒去腫，強筋健骨，更可使功夫加速進展。

插掌歌：

　　勁抖食指插，氣從丹田發。

　　初練插黃豆，再把黃米插。

　　又插黃砂粒，更插鏽鐵砂。

　　指赤繼腫脹，苦插三千八。

　　肉指摩成痂，再練插鐵砂。

　　二千五百回，指破噴血花。

　　痂皮生三層，功夫算到家。

　　鑽牆可成洞，肉指變鐵叉。

少林高僧淳錦法師曰：

　　金砂掌功非等閑，晝夜操勤幾十年。

　　練至隨心應手時，遊走乾坤不膽寒。

　　雖然不是值錢寶，防身護體看寺院。

180

四十、鐵砂掌

歌訣曰：

　　鐵砂掌功毒氣發，藥力深入肌膚加。

　　筋骨堅實成毒手，重擊強敵染黃沙。

練　法

　　1. 用綠豆和花椒（研細粉）混合均勻後裝入袋內，平放在方木墩上。練習者以馬步站好，用反手掌向下擊打布袋。打時掌心向上，用掌背反打，收回時屈肘變拳。兩掌可以互相交替輪流擊打，由輕到重，由少到多，逐漸練習 3 年後，每掌擊打 3000～4000 掌，兩掌共打 6000～8000 掌為度。（圖 285）

圖285

圖286

2. 用陳醋 2500 克、人中白 5000 克、白蠟 5000 克，拌合煎湯，每次煎 3 炷香，煎 4 次，用文火熬煉稍濃，傾入鐵盆，以木棍搗成泥，再加入細鐵沙，其數量與藥泥相等，用布袋裝好，平放在方木墩上。用反掌打擊，打時手心向上，收時屈肘變拳，兩掌交替互換擊打。再 3 年後，逐漸增至兩掌每天擊打 1 萬掌為度。打時用藥湯洗手，前後須用 6 年功夫。以後必須保持經常練習，千萬不要停止，不前則後退，前功盡棄。（圖 286）

附：練手藥方

金勾藤 120 克、丹參 120 克、紅花 120 克、狼牙草 120 克、將軍草 120 克、地龍 120 克、象皮 120 克、落得打 120 克、十大功勞 180 克、乳香 90 克、五加皮 15 克、透骨草 120 克、生川烏 120 克、石榴皮 120 克、木瓜皮 120 克、川繼續 120 克、龍瓜花 90 克、鵬爪 1 對、大木耳 120 克、威靈仙 120 克、花鉛 120 克、地骨皮 120 克、無名異 120 克、明礬 120 克、生草烏 120 克、核桃皮 15 克、地鱉蟲 60 克、追風藤 90 克、老鸛草 120 克、絲瓜絡 80 克。

以上諸藥物，加陳醋 1500 克、人中白 5000 克、白蠟 5000 克，拌在一起煎湯，每次煎三炷香，煎至 4 次，用文火熬煉稍濃，傾入鐵盆，用棍搗成泥，再加入細鐵沙，數量與藥泥相等，裝入 1 尺見方的布袋內，放在方木墩上，準備拍打用。

【功效】：可幫助加快練功速度，舒筋活血，強壯骨骼，堅實肌肉及皮肉，是鐵砂掌練功不可缺少的秘傳藥方。

附：洗手秘方

胡蜂巢 1 個、蔥薑 1500 克、柴胡 150 克、鷹爪 1 對、川烏 120 克、槐條 120 克、箆麻子 90 克、桂枝 90 克、黃芪 120 克、象皮 120 克、大浮萍 22 個、生半夏 90 克、乳香 90 克、水仙花頭 120 克、大力根 120 克、草麝香 60 克、自然銅 60 克、瓦花 60 克、五加皮 120 克、槐花 60 克、覆盆子 60 克、紅花 180 克、金櫻子 60 克、油松節 10 個、車前子 90 克、巨勝子 60 克、馬鞭草 60 克、蛇床子 90 克、梧桐花 120 克、白石榴皮 60 克、皮硝 120 克、穿山甲 90 克、核桃皮 150 克、五爪龍 120 克、白鳳仙花 21 個（共煎）、菟絲子 60 克、青鹽 250 克、爬山虎 9 克、還魂草 60 克、地骨皮 60 克、白蘚皮 120 克、虎骨草 120 克、木瓜 20 個、過山龍 120 克、鬧楊花 150 克、牛膝 60 克、虎骨 60 克、草烏 240 克、麻黃 90 克、南星 90 克、勾藤 120 克、杉萱皮 250 克、兔香手 60 克、款冬花 150 克、沒藥 90 克、四紅草 250 克、落得打 120 克、八仙草 90 克、絲瓜絡 60 克。

以上諸藥物，用好原醋 2 斤和清水煎湯泌汁，傾入缸內，拍打一次可洗手一次。

鐵砂掌雖稱陽剛，實乃陰手，藥力深入肌膚，如不以藥

方洗之，皮膚即會浮腫，甚至潰爛，洗手則無事，且皮內筋骨堅實，而成毒功之手。

附：治療鐵砂掌傷秘方

頭部傷：用白芷9克、藁本9克、防風9克、自然銅2克、桂枝2克、荷葉為引，用童便煎服，服後忌風。

頂門傷：以上方為準，去自然銅加青皮9克。服法同上，其它藥物都不變。

傷胸部：以上方去青皮加鬱金9克、滑石（水飛）9克，服法同上。

傷腿部：以上方加懷牛膝150克、海桐皮6克，服法同上。

傷腎部：以上方去懷牛膝和海桐皮，加上骨碎補15克，服法同上。

傷兩肋：以上方去自然銅，服法同上。

傷兩股：以上方加杜仲（去絲）9克、烏藥9克，服法同上。

周身傷重：用大螃蟹一隻連殼搗爛，和陳酒隔水煨滾，取蟹汁，服至一醉，醒後服七厘散即愈。

【功法略解】

1.鐵砂掌是少林正宗七十二藝中硬功外壯法，屬陽剛之勁路，是專供練習掌部的功法，為少林寺武僧經常練習的重要功夫。

2.少林鐵砂掌在少林武術技擊中有著重要作用。無論是收還是伸，均應有意識的放鬆，直至出擊時才突然伸直勁達掌心，即成實掌。拳譜云：「掌法先用其指點擊咽喉，再平掌按下，寬掌心正至敵之心口，而後放全力向外吐出，但吐

出時須開聲一喊，令敵人心層猝然一驚，則掌力正巧至妙處。此須精練始能為之，更不可輕易運用，以免坑害人命矣。」技擊動作發出前各關節的放鬆，有利於關節的靈活和動作的變化，使掌部在用力向對方發出時勁力更大。這樣發出的勁路才能柔中有剛，剛中有柔，剛柔相濟。因此，拳訣云：「氣自丹田吐，全力注掌心。按實始用力，吐氣須開聲。推以朝上起（掌力朝上，敵始易於傾跌），緊逼短馬蹬，（緊逼而後出掌得力，短馬而後可以自顧）。三字沾按吐，都用小天星（小天星，即掌尺脈上之銳骨）。」

3. 拳譜曰：「北派多以柳葉掌，南派多以虎爪掌。」雖然形式各不相同，但是用力一致。其一則掌指向外翻，力注於掌心。拳諺「氣貫掌心，勁達四梢」、「拳從心發，勁由掌發」、「腿打七分手打三，全仗兩掌布機關」等，都說明拳法在少林武術中的作用和地位。因此講：「手的變化，決策於腕；掌根銳骨，即為腕勁；靈龍活潑，剛柔蓄隱，擒拿點打，無不應順；掌腕合竅，方能制人；腕滯力拙，徒勞費神。」說明了掌和腕的重要性，必須互相協調方為妙。

4. 少林功夫中的鐵砂掌，是用鐵沙和藥物配合而操練的，練至掌部堅硬如鐵，臂長力增，能重傷對方皮肉筋骨，功力深者可以碎磚斷石。經過練習鐵砂掌功夫，可使掌部的鍛鍊處表皮增厚，筋骨及表皮組織對外界環境的適應能力大大提高，腕指關節靈活，肌肉韌帶的力量增長，強勁有力，在少林武術技擊實踐中，能有較明顯的接觸感覺。經過鍛鍊對於提高武術勁力及運用發揮，都有重要作用。

5. 練習鐵砂掌功夫的要點：此功主要練習掌法，且要注意練氣、運氣、調氣，以收內壯之功效。所謂「鋼砂掌」、

「鐵手飛砂」、「黑虎手」等秘技皆次功也。

用藥歌訣：

> 練功藥物要用全，樣樣備齊細熬煎。
> 諸般藥泥混鐵砂，裝入布袋細詳參。
> 每天練功數千掌，一晃光陰數千年。
> 朝夕拍打後洗手，以防浮腫和潰爛。
> 練至皮肉筋骨堅，毒手一動人傷殘。
> 如若誤傷貴朋友，處處妙方要用全。
> 武功醫藥要兼通，方稱世外羅漢禪。

少林高僧貞俊大師曰：

> 鐵砂掌功威力生，掌借藥力妙無常。
> 練至掌指賽鋼釘，觸之敵手則難撐。

少林高僧如淨師太曰：

> 嵩山少林學功法，兼學醫藥救治法。
> 練武若不學醫藥，點打卸骨難救他。
> 武醫技藝學在手，遊遍乾坤會名家。

四十一、飛行功

歌訣曰：

> 少林陸地分行動，身帶鐵砂跑數冬。
> 一日疾行百里路，懸崖峭壁可飛騰。

練　法

1.先備用沙衫一身，最少重 10 斤，最多重達 80 斤，再備沙綁腿兩只，每只最輕 0.5 斤，最多重 12 斤。（圖287）

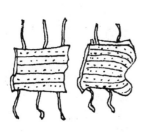

圖 287

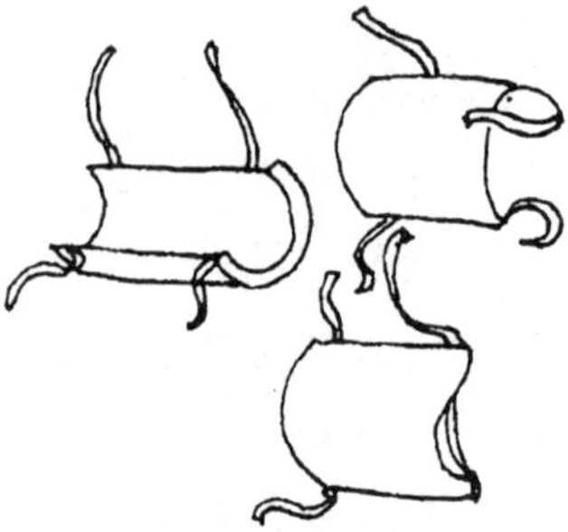

圖 288

2. 備鐵甲前後兩片，前片最輕 5 斤，最重 30 斤；後片最輕 8 斤，最重 50 斤。再備鐵瓦或鉛瓦兩只，每只最輕 0.5 斤，最多重 12 斤半。（圖 288）

無論鐵、鉛、瓦或沙子還是鐵砂（要用豬血浸滲，以土埋之），去毒氣方可裝袋使用。

3. 穿沙衫帶沙綁腿，每天早晨跑 20 里路，由輕漸漸加重，由一個半小時，逐漸加速到半小時，最快時可以身穿 80 斤沙衫，兩腿帶 24 斤綁腿，20 分鐘可以跑 20 里路，即可以成功。（圖 289）

4. 也可身穿鐵甲，腿帶鐵瓦或鉛瓦，與穿沙衫和帶沙綁腿同

圖 289

圖 290

樣練法，路程和時間要求相同，即告成功。（圖290）

以後每天早晨，仍須繼續鍛鍊，方可保持不退步。

【功法略解】

1.飛行功又叫「夜行術」、「陸地飛行法」、「千里獨行」、「萬里追風」，是少林正宗七十二藝中軟功內壯功法，是專供練習兩腿奔跑行走的功法。它是少林寺武僧經常練習的功夫，為傳統的輕身術。

2.關於此飛行功，歌曰：「日練千斤腿，霎時飛毛腳。繩星疾跳澗，遊線飛懸崖。方知其中妙，鐵瓦纏十年。」在少林寺武僧中經常練習此功的有明代道川、道時、慶軒、同隨、玄難，清代清真、清玉、真靈等。清代真靈法師每天有800里路的腳程，行走如飛，快馬而追趕不上。清末貞俊大師每天一早天不亮繞五乳峰跑一圈回寺，躥懸崖、跳山澗，走如平地，到臨圓寂前一月，還能縱身躥上千佛殿，輕功飛行術驚人。

187

3.對於此功練習的要點，少林拳家言：此為輕功的一種，專練行走之法。練習此功者宜慢而不宜快，宜持之以恆，功成後與跳躍術、躥縱法並進，則可飛身上房，蹬高超遠，至此絕。

附：飛行功秘方

川烏、草烏、紅花、川黃、當歸、續斷、羌活、杜仲、乳香、沒藥、朱砂、自然銅、麻仁、五加皮、劉寄奴、茜草、血竭、牛膝、陳皮、碎補、破故紙、紫青天葵、地鱉蟲、紫金丹。

以上諸藥各15克，研為細末，每次服3克，練前服用，黃酒送下。

圖291　　　　　　　　　　圖292

【功效】：舒筋活血，去毒消腫，強壯骨骼，加速功
夫進展。

少林高僧貞俊大師曰：

　　　飛行功，快如風，縱山澗，越高峰。

　　　行高低，路不平，躥房脊，任意行。

四十二、槍刀不入法

歌訣曰：

　　　空手入白刃，功夫在閃避。

　　　初習柔骨功，再練眼身疾。

　　　步法手法快，功到自玄機。

練　法

　1.初練眼法，先數死物。迅速數清屋上的瓦有多少
片。（圖291）

　2.再迅速數清疊在一起的瓦片有多少片。（圖292）

188

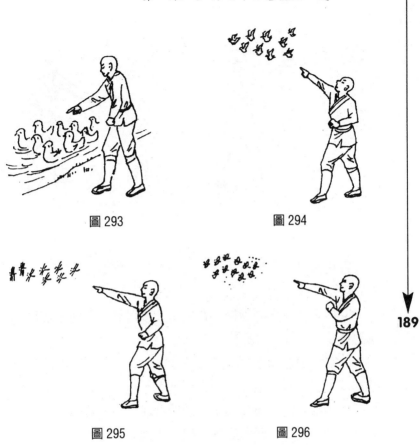

圖 293　　　　　　　　圖 294

189

圖 295　　　　　　　　圖 296

　　3.再數活動之物，迅速數清河中的群鵝有多少隻。（圖293）

　　4.再數活動快速之物，迅速數清空中正在飛行的飛雀有多少隻。（圖294）

　　5.再數活動的飛行小物，迅速數清空中飛的蜻蜓有多少隻。（圖295）

　　6.迅速數清空中的飛蝗有多少只。（圖296）

圖297　　　　　　　　　　　圖298

7.再數微小之物，迅速數清空中的群蠅有多少隻。（圖297）

8.再數清最小的動物，在距離5步以外，迅速數清群螞蟻有多少隻。（圖298）

9.眼法練好以後再練身法、步法。用高低不等的竹竿，要參差不齊地栽於地上，間距至多1尺遠，其間每距不遠撒石灰一小灘，也不得有次序。練功者在其中側身急走，身不觸竹，腳不沾灰，來回旋轉自如。（圖299）

10.在竹竿上安置利刀，下置鐵疾藜及絆腳索等物，漸漸練習，緩緩進步，身不觸刺，足不沾灰不碰索，旋轉自如，即功夫大成。（圖300）

【功法略解】

1.槍刀不入法又名「空手奪白刃」，是少林正宗七十二藝中軟功外壯法，屬陰柔之勁，兼陽剛之氣。它是專供練習身體躲閃能力的功夫，為少林武僧練功中不可缺少的功夫。

2.槍刀不入法是在少林武術技擊實踐中為了應付對手進

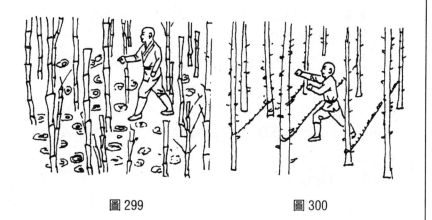

圖299　　　　　　　　　　圖300

攻、即躲又閃、攻防靈便的一種高難度、高精度、高水準的
技術。此法從表面上看是躲開對方進攻，實質上是消耗對方
體力，在敵方向我猛攻之下搶占有利地位，力爭主動的技
法。經過練習此功，可以利用全身各關節部位參與實戰的閃
避動作，如頭、肩、手、肘、胯、膝、足等可以隨機應變，
運用機動靈活的身法躲閃而進、閃躲而打之，使對手防不勝
防、兵刃脫手，再結合抓打擒拿、點穴、卸骨等技法重擊強
敵。也就是少林拳譜中說的：「以退為攻，以守為攻。」少
林寺歷代武僧皆有精研此技者，如第一個武僧稠祥師，隋唐
的子升，唐代的寶輪，宋代的靈邱，元代的惠距，明代的洪
榮、月淨、悟華，清代的清蓮、法修、如靜、湛舉、湛剛
等，對此功都有較深的造諧。

　　如明代洪榮法師，不但閃躲靈活空手奪白刃，而且可竄
進16口刀裡練功，撥打閃避靈俐非凡，如入無人之境。清
代湛舉法師穿鐵鞋而身輕如燕，腳踏鐵皮而無聲音，可豎香
戰鬥，可見湛舉法師功高至極。

191

3.練習槍刀不入法的要點：此功名稱似頗奇特而含有神怪之意味，其實不過為一種軟功而已。其得力處，完全在「閃避」二字。功夫練成後，可在數十人持械圍攻之下，空手出入其間而不致受傷損。此功練習困難，非有15年純功不可進入上乘也。功成後，舉手之間即可奪取對手的武器而為我所用。此功夫是嵩山少林寺獨傳秘功，眼看要絕傳，殊為可惜。

附：練功秘方

舒筋樹枝30克、雞血藤30克、絲瓜絡30克、乳香18克、甘草20克、川斷20克、青風藤20克、丹參30克、赤勺15克、桑寄生15克、牛膝20克、鐵腳威靈仙18克、木瓜20克、蒼朮20克、黃柏15克、龍骨28克、木香20克、牡蠣20克、桔梗20克、尋骨風5克。

以上藥物，共研細末，煉蜜為丸，每丸重1克。在練功前，用黃酒或白開水送服，再輕微活動後，可以開始練習此功。

【功效】：可以舒筋活絡，循環氣血，強健骨骼，促進少林空手奪白刃功法的進展。

少林高僧貞秋大師曰：

槍刀不入法，藝照練習下。

任他群敵困，我心不怯怕。

身形只一縱，閃身躲避他。

動作似靈貓，神人難近他。

強敵使武器，舉手來取下。

少林驚人藝，武僧練習它。

圖 301　　　　　　　　圖 302

四十三、五毒追砂掌（五毒手）

歌訣曰：

少林五毒追砂掌，諸般毒物配妥當。

每日拍打數千掌，純功須練六年上。

練　法

清明節取井底泥 20 斤，用砂缸盛之。農曆五月五日取赤蛇 1 條、壁虎 1 條、癩蛤蟆 1 個、蜘蛛 1 個、蜈蚣 1 條、鐵砂 10 斤、白蠟 10 斤、燒酒 5 斤、青銅砂 2 斤，搗拌泥中，搗勻裝入布袋內。如布袋被拍打破爛，可以換新袋再裝好，放於方木上。天天拍打，每天拍打兩次，每次兩掌交替輪換拍打 400 掌，兩次共拍 800 掌。逐漸練習，慢慢增加，直至兩掌每天共拍 1.4 萬掌為度，必須要 6 年時間。以後再苦修苦練，不可間斷，此處練功以後，用藥煎湯洗手。（圖301、302）

附：洗手秘方

華水蟲 30 克、防風 9 克、乾薑 30 克、黑芝麻 6 克、紅花 3 克、斑毛蟲 150 克、矽砂 15 克、歸尾 6 克、銀花 6 克、川連 3 克、白疾藜 9 克、元參 3 克、黃柏 3 克、石灰 240 克、北細辛 9 克、荊芥 9 克、白朮 6 克、白蘚皮 9 克、側柏葉 30 克、白信 3 克、打屁蟲 15 克、陽起石 6 克、紅娘子 15 克、小牙皂 6 克、鐵砂 12 克、蜈蚣兩條、指天椒 240 克。

以上諸藥物，加矽砂、石灰二味藥（要放在鍋內炒紅以後放入），用水煎湯洗之，洗 3 日以後，再另煎水再洗，半月後再另換新藥煎水再洗。

【功效】：消腫去毒，舒筋活血，強壯骨骼。

【功法略解】

1.五毒追砂掌又名「陰手」、「五雷掌」，是少林正宗七十二藝中硬功外壯法，屬陽剛之氣力，兼陰柔之勁路。它是專供練習掌部的功夫，也是少林武僧經常練習的功夫。

2.此五毒手在少林武術技擊中有重要的作用。功夫練成後與敵搏鬥，觸敵即傷其肌膚和筋骨，有皮腫潰爛的危險。敵來攻我時，用手架撥之，敵則傷筋斷骨，損其內裡。歷代皆有武僧精研此技，如唐代空禪、宋代洪淵和尚、元代惠深禪師、明代可政和尚、清代湛可法師等，都練此技術，是技擊不可缺少的功夫。

3.少林五毒掌的練習要點：練法簡便易行，練前須有所準備。習之僅以左手為宜，萬不可輕易傷人；必須嚴遵戒規，講究武德，方為玄妙。

少林淳華大師曰：

五毒雷火砂，殺傷力無窮。

武僧練此藝，使技蓋世雄。

輕者致殘廢，重者要敵命。

遵守戒規約，嚴講武德明。

良徒技秘授，必惡難繼承。

少林高僧貞緒大師曰：

五毒追砂雷火功，朝夕修煉須苦恆。

少林古剎學功法，一掌霹雷萬人驚。

四十四、飛檐走壁法

歌訣曰：

飛檐走壁輕身法，朝夕登高牆上爬。

每日橫排數百次，躥房越脊實用它。

練　法

1.在練功以前，用粗布袋，內藏豬血浸過的鐵沙，束於兩小腿及兩臂，開始時兩腿帶沙8斤，兩臂帶10斤，全身帶沙18斤，斜跑上牆兩步。（圖303）

2.兩腿帶沙12斤，兩臂帶15斤，全身帶27斤，斜跑上牆4

圖303

步。（圖304）

3. 兩腿帶沙20斤，兩臂帶沙25斤，共計45斤，橫斜跑上牆8步。（圖305）

4. 兩腿帶沙袋21斤，兩臂帶26斤3兩，橫跑9步上牆頭1丈6尺高，全身帶40斤3兩，要8年功夫。每天早、

圖304

午、晚3個時辰，每個時辰跑300次，全天跑900次。最後二年早晨可多加100次，全天跑牆1000次。苦練8年可應用自如，放下沙袋後可輕身如燕，縱躍上房，滾壠爬坡，躥房越脊。（圖306）

每日晨昏橫跑牆壁，即側臥其身，兩足互換前進，至力盡時再下落。跑時須身向後退十數步，再向前跑去，借其慣

圖305　　　　　　　　　　　圖306

力，側身如臥，先出左足，繼而出右足前進。無論何人，凡在少壯時均能連續跑兩、三步甚至三、四步，再多不能。如力盡時先落右足，則身體由橫空變為正立，此為左式；右式則先出右足，落地時先落左足。

　　天天行之，鐵沙漸增，1年半時間則可橫行 4～5 步，為第一步功夫。兩年半以後，則可繼續橫跑 8 步，第二步功夫成矣。按 8 步長度約 1 丈 6 尺計，至此已能身體橫空，借其推力橫行 1 丈 6 尺之遠，再練習斜向上跑。剛開始時中途跌落，天天練習，不可怕難，鐵沙增加至 12 斤為度。1 年後，能橫身斜向上進至 8 步，則第三步成功。至能斜上跑至 9 步，再繼續習練左右晃臂及右左晃臂。其法是斜上跑至牆頂，身體仍橫空，此時向前跑步的推力已無有，須急晃左臂向左下，右臂隨之向左搖晃，則身體借其搖晃之力正立於牆頂，是為左式。如先晃右臂，再搖左臂，是為右式，至此則全成功。除去鐵沙，則輕靈如猿猴，升牆登房易如反掌。

197

【功法略解】

　　1.飛檐走壁法又名「橫排八步」，為少林正宗七十二藝中軟功內壯功法，專供練習人身走遠飛高，為傳統輕身術之一，是少林寺武僧經常習練的獨傳絕技。

　　2.此功法在少林武術中可以行動快速、動作靈敏，對搏中可以閃戰自由，免受敵人重擊。擒拿敵人時，可以在距離很遠的地方縱身追上敵人，捉拿在手。反之如果被敵人追擊時，可以飛快逃跑，免受災害。少林寺歷代武僧精此藝者有：唐代空空、善護，宋代福居、靈敏，元代智聚、子安，明代覺訓、圓勝、悟雷、普便、道時、玄敬，清代清蓮、真靈、湛可、寂敬等。

圖 307　　　　　　　　　　圖 308

2.練習飛簷走壁法的要點：要循序漸進，不能突飛猛進。不許間斷，持之以恆，方可成功。

少林高僧貞俊大師曰：

飛簷走壁是奇功，苦不持恆功難成。

每天躍牆斜橫走，年深日久功自成。

四十五、一線穿

歌訣曰：

少林輕功一線穿，跑罷高山走筐沿。

身帶沙袋過棉袋，單根竹竿來回躥。

粗細變成一條線，單絲線上走回還。

練　法

1.兩臂和兩小腿帶上沙袋4只，每只重量半斤，至每只8斤為度。在山路上跑上跑下跳躍不止，每天早晚跑兩次，每次20里路，1年後為初步功夫。（圖307）

2.臂上和腿上帶好沙袋後，在籮筐邊沿行走，裡面放上

圖309

圖310

碎石塊和砂子，滿平筐。（圖308）

　　3.在筐沿上行走半年以後，筐內石塊和砂子減去一半。
（圖309）

　　4.全身4只沙袋共32斤，筐內石砂子全部去掉，仍在
筐沿兒上行走，再用1年半的時間，第二步功夫成功。（圖
310）

　　5.身帶沙袋，用沙鋪一條道路約3寸厚，上面用棉袋蓋
在沙上，來回走袋上，每天早晚走兩次。用5條棉袋連接一
條路，每次走1000個來回，每天走兩次約25里路，半年以
後袋上無凹陷和腳窩，棉袋平型無變化，則第三步功夫成功
了。（圖311）

　　6.用繩繫竹竿兩頭吊在木架上，懸空4尺高，在上邊行
走1年半，即第四步成功。（圖312）

　　7.用繩一根，兩頭繫在木屋或樹上，在繩上行走來回。
再練1年，共6年功夫，可在繩上行走運動自如。（圖
313）

　　8.再用細絲弦一根，兩頭繫在木柱上，在弦上再走1

199

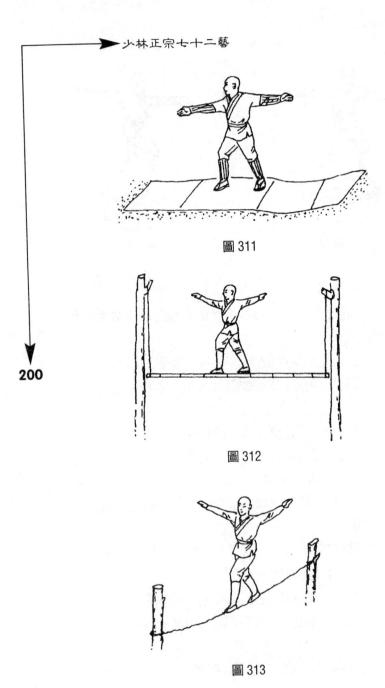

200

圖 311

圖 312

圖 313

圖 314

年，則功夫告成。但要繼續練習，不可脫空，脫空即不進而退。共用 7 年苦功，可在線上跑跳來回自如，毫無阻擋。（圖 314）

201

【功法略解】

1.一線穿功夫又名「達摩渡水」，也叫「水上飛行術」，俗名「踩軟繩」，為少林正宗七十二藝中軟功內壯功法，專供練習人身敏捷輕飄功夫，是少林寺武僧經常練習的功夫。

2.關於少林一線穿，拳家有言說此功為「蹬萍渡水」、「踏雪無痕」之功，乃輕身功的一種，在少林武術中有著重要作用，一可使人身體輕飄穿過某些障阻之險地；二可使身體動作迅速輕靈，與敵搏擊時免受損失；三可以閃電式的速度追趕敵人，捉拿敵人，毫不費力氣。

3.練習一線穿基本要點：此練法並非容易，只要持之以恆，一心一意地練習，也很好成功。功成以後，可在水上飛行；如有可借的輕浮之物，如竹片、木杆、蘆葦等物擲於水面，人即可身立其上，用氣功推之前進；如水浮萍集中的地

方，菱角荷葉叢生之處，都可在上邊行走。當年的達摩祖師即用一葦渡江，習成此藝需 10 餘年苦功方可真正成功。要虛心靜氣地習練，逐漸成功，不可心急。

附：洗腿秘傳藥方

地骨皮 30 克、雞血藤 10 克、絲瓜絡 15 克、乳香 6 克、甘草 10 克、食鹽 30 克。

用清水煎湯溫洗腿部，趁熱洗之。每次練功後洗一次，一劑藥可煎洗 5 天，再另換新藥，再煎再洗。

少林高僧貞秋大師曰：

輕功練習一線穿，苦下深功十二年。

若要線上能飛行，蹬萍渡水有何難。

只有恆心苦奮勇，萬般皆須熬暑寒。

少林還俗武僧素法曰：

一線之功並非凡，跑過荒郊走筐沿。

再走竹竿與繩索，一條細絲行走難。

恩師傳習真玄妙，還要奮勇奔向前。

四十六、躥縱術

歌訣曰：

躥縱術法並非凡，要練溫熱和涼寒。

苦下深功十數載，躥房越脊如平蹚。

練 法

1.先把鉛放入火中燒通紅後，再放入豬血內浸一夜，燒而再浸，浸而再燒。如此反覆浸燒 7 次，其色變為青紫色，則成為死鉛。再埋入土中 49 日，退盡火毒以後，取出來用

圖 315　　　　　　　　　圖 316

清水洗淨，至此可以
供練功用。帶鉛的方
法是：用細布袋包鉛
纏於小腿、兩臂、脊
背上，由輕而重，至
18 斤一塊為度。由
每片 0.5 斤漸增至每
片 8 斤，全身 5 片
40 斤。先跑土嶺和
山路，須跑 1 年。
（圖 315）

圖 317

2. 再跑缸沿，缸內盛滿水，漸漸把水取淨，空缸仍跑如
常，練 1 年後缸不動。（圖 316）

3. 再跑磚塊，雙腳在磚塊上跑，1 年後磚塊不倒，穩而
不動。（圖 317）

4. 再加磚塊，兩層磚疊起來，在上面跑起，1 年之後如

203

圖 318

圖 319

圖 320

磚不倒，即功就半成。人行不止，來回自如，磚塊仍然穩而
不動，即可以了。（圖318）

　　5.開始縱跳，全身直腿平足硬向上撥起，直身不彎，向
上躍高7寸5分，需練1年功夫。（圖319）

　　6.全身直腿不彎，平足向上撥起，躍高1尺半，須要3
年功夫。（圖320）

　　7.共練8年苦功，解下鉛瓦50斤，縱身可躍屋脊房

頂。平均直躥１丈，彎腰
曲膝時可能縱起兩丈。
（圖 321）

圖 321

【功法略解】

1. 躥縱術又叫「躥房
越脊」，是少林正宗七十
二藝中的軟功內壯法，屬
陰柔之勁路，專練人身躥
躍縱跳的輕身功夫，為傳
統輕功之一種，也是少林寺武僧經常練習的重要功夫。

2. 輕功在我中華有悠久的歷史。據史書載魏明帝孝昌三
年（公元 527 年），梁武帝派人把少林拳鼻祖達摩大師迎到
金陵並接見了他。因為話不投機，兩人不歡而散。於是達摩
大師便隨手折斷一根蘆葦丟在水中，站在上面，飄過長江。
現在少林寺僧還盛傳著當年達摩祖師「一葦渡江」的故事。
在河南中岳嵩山少林寺碑廊內立有「一葦渡江」的石像，係
元大德十一年（公元 1307 年）建，是一件少有的藝術珍
品。這就是少林武術「蹬萍渡水」之輕功的最早傳聞。歷代
少林高僧如唐代空空禪師、靈隱禪師，宋代福湖禪師，元代
智聚禪師、智圓禪師，明代洪榮法師、痛禪上人、一貫禪
師，清代清真師太、清玉師太等都有蹬萍渡水之功。另外寂
勤大師、貞俊大師等，也都精研此技。

特別是貞俊大師，每天天不亮即從五乳峰跑回來一周，
大約 20 里路，到山門前冷水浴，天天保持，六十年如一
日。他高興時可以縱身躥上千佛殿房上去，到臨圓寂的前三
月，還能縱身躥上千佛殿的房脊，單臂一揮震動明柱嘩嘩作

響，房上灰塵直向下落，硬氣功、輕氣功卓著。

名震中洲的氣功大師還有貞秋大師。有一次往湖北雲遊路過黃梅縣北樹林，為救一難女而被群賊圍上，他老人家縱身躍上一個離地 1 丈多高的大樹叉上，眾賊無不驚訝，最後被師父飛鏢射傷兩賊人，群賊逃跑四散，為黎民解救了危險，為少林增了光輝。

貞方師父雲遊路過安微蕪湖市時，走在一個一尺寬的木板橋上，誰知橋是賊人設好的，用於斷路搶財物。當大師走在中間時，前邊還有一個青年書生與他相距一步遠，此時賊人在岸邊猛拉繩子，橋板落入水中，貞方大師迅速伸手拉住前面青年的衣服，縱身躍過離岸一丈多遠的河岸，放下青年，全身乾淨沒沾水滴。他眼觀六路，伸手抓住拉繩子的兩個賊人，一手一個，用力一抓兩賊手腕盡碎。經審問方知他們做了不少次壞事，害死了七、八條人命，師父一恨之下捏碎了他們的足踝，叫他們爬著回去。因為佛家不殺生靈，只有嚴厲懲罰，為百姓報仇。

前輩老師都是幾十年如一日，持之以恆的練習才得來如此高超的輕氣功。

3. 練習此功要逐日練習，天天不停苦修，漸漸功夫自成。不可忽冷忽熱，更不可中斷休歇。休歇則不前而退，退則前功盡棄。

附：洗腿秘方

乳香 10 克、地骨皮 18 克、黃芪 15 克、甘草 15 克、牛膝 12 克、五加皮 15 克、紅花 8 克、雞血藤 15 克、絲瓜絡 15 克、青皮 5 克、海風藤 10 克、元參 5 克。

用清水煎湯溫洗腿部、背部和兩臂部等帶瓦的地方。

圖 322

圖 323

【功效】：去毒氣，防腫脹，舒筋活血，強壯骨骼，加速功法的進展。

四十七、金鏟指

歌訣曰：

金鏟指法妙無窮，陰陽兼修威力雄。

槍刀不入鐵羅漢，若遇鏟掌敗下風。

練　法

1.四指併攏成金鏟指，在牆壁上抵點刺擊。（圖322）

2.將四指緊併成金鏟指，在粗皮的樹上抵點練習。初習見功很慢，逐漸能抵點樹木出凹陷，功越練越深，漸漸能抵穿成洞為妙。（圖323）

3.再用四指併成金鏟指，在大青石上抵點，依法練習，練至能抵石成深陷為度。仍要繼續練習，銳意苦修。（圖324）

4.又用四指併成金鏟指，向大鐵板上抵點。直至1分5

圖 324　　　　　　　　圖 325

到 2 分厚的鐵板點之即成凹陷，此大功告成。上下不離 15
個春秋，以後仍不可中斷，方為玄妙。（圖 325）

【功法略解】

1.金鏟指又名「班禪掌」，也稱「仙人掌」，純屬硬功
外壯功法，屬陽剛兼陰柔之勁路，是練習掌指端上的刺勁功
夫。

2.金鏟指在少林武術技擊中有著重要的作用。功夫練成
後與敵人搏擊，觸敵即筋斷骨碎，內臟洞穿，鏟在穴位上當
即閉住血脈，停止血液循環，有性命傷亡之危。既有陽剛之
勁，又有陰柔之力，可以陰破陽，以柔克剛，因此，技擊界
上有「鐵牛功夫練得精，混身鼓氣緊繃繃，若還遇上仙人
掌，必定立刻爭不成」之說。表明金鏟指在武術技擊上的威
力驚人。

3.練金鏟指功夫的要點：此功最適宜練習左手，惟恐右
手練成後，不注意時誤傷好人。如果兩手練成，要千萬緊守
戒約，嚴尊武德，以免傷人出故。

附：練掌指秘方

川烏 30 克、草烏 30 克、南星 30 克、蛇床子 30 克、半夏 30 克、百部 30 克、花椒 30 克、狼毒 30 克、透骨草 30 克、藜蘆 30 克、龍骨 30 克、地骨皮 30 克、紫苑 30 克、青鹽 120 克、乳香 15 克、沒藥 15 克、劉寄奴 60 克、地丁 30 克、雞血藤 20 克。

以上藥物，共研細末備用，每次用藥末 30 克，再放醋半碗，水半碗，煎成多半碗為度，浸洗手指，練功前後各浸洗手指一次。每用 30 克藥末煎成後，可以溫洗手指 8 次再另換藥末。一劑藥研成細末，可供 16 次用。每次洗 8 回，足夠 128 回洗手指所用。每天早晚各用一次共用 32 天後，再換一劑藥物，照前法用。

少林高僧玄慈曰：

金鏟指力似金叉，勁力無邊純功佳。

縱有深功也膽怯，大羅金仙也嚇傻。

四十八、揭諦功

歌訣曰：

白馬打戰揭諦功，十八滾法賽活龍，

朝夕練習滾翻法，強敵想抓抓不成。

練　法

1.右搶臂滾身法：以右臂先著地，向前滾翻。（圖 326）

2.左搶臂滾身法：以左臂先著地，向前滾翻。（圖 327）

圖 326　　　　　圖 327　　　　　圖 328

圖 329　　　　　圖 330　　　　　圖 331

3.正翻筋斗法：雙手或雙拳扶地向前猛翻。（圖 328）

4.向後跌臂法：身體向後跌睡，背部著地。（圖 329）

5.右手貼地跌法：右手臂先著地，跌摔貼地。（圖 330）

6.左手貼地跌法：左手臂先著地，跌摔貼地。（圖 331）

7.左側貼地跌法：左肋等處著地，先跌左側。（圖 332）

圖 332

圖 333

圖 334

圖 335

8.右手貼地跌法：右肋等處著地，先跌右側。（圖333）

9.撲腹貼地跌法：雙手先著地，漸漸腹著地腿向後上方蹺。（圖334）

圖 336

10.撲虎貼地跌法：雙手連全身一塊著地，手掌和腳尖著力。（圖335）

11.脊背栽摔跌法：身向後倒，跌練自摔脊背，兩腿向上抬。（圖336）

圖 337

211

12.坐地跌臀法：用臀部向地上坐摔，練習臀部。（圖337）

13.左肋跌地法：左肋先著地摔臥。（圖338）

14.右肋貼地法：先右肋貼地，練習摔跌。（圖339）

圖 338

圖 339

圖 340

圖 341

15.觀音坐氈：兩臂著地甩擊，練習別處著地。（圖340）

16.卷地右斜滾法：滾身右臂貼地，身向右側歪斜。（圖341）

17.卷地左斜滾法：左臂貼地，身向左歪斜。（圖342）

18.膝蓋跪地跌法：兩膝蓋著地，跌跪於地上，兩腳尖著地，雙手上揚。（圖343）

【功法略解】

1.揭諦功是少林正宗七十二藝中硬功外壯功法，屬陽剛之勁，兼內壯之氣力，是練習人身跌撲滾翻的功法，為少林武僧經常研練的重要功夫。

2.此功在少林武術中有著重要作用，可通過摔打的鍛鍊，強壯筋骨皮肉肌腱，增強抵抗外界擊打的能力。此功可

圖342

圖343

以把腳手、四腳全練得堅實、靈活，可在搏擊時取得成效。

3. 練習此功法的要點：此功夫練成很難，初練時必須吃苦，甚至腑臟受傷。要循序漸進，不可猛進。必須持之以恆，方可成功。

少林高僧靜紹法師曰：

揭地功夫十八跌，摔來翻去硬如鐵。

左右前後八方滾，全身運轉快如梭。

四十九、梅花樁

歌訣曰：

少林從師數十冬，梅花樁上練眞功。

持之以恆銳意修，定可成名蓋群雄。

練　法

1. 用石灰在地上畫碗口大的圓圈5個，形如梅花。走盤時步步踩在圈上，走梅花樁步，要練習半年功夫。（圖344）

213

圖344　　　　　　　　　圖345

2.在地上擺上 5 個碗，碗口向下，碗底向上，排成梅花樣。踩在碗底上面練習梅花樁步，步步踩準，切莫掉下來，半年以後可達到行走自如。（圖 345）

3.在地上栽 5 根直徑 2 寸 1 分的木樁，上邊露出 1 尺半，栽成梅花樣，栽樁的地面如果鬆軟，可以加石塊、磚塊砸結實栽穩固。腳踩在樁上練習梅花樁步，持續半年。（圖 346）

4.將木樁露出地面 3 尺高，栽樁方法同上，埋栽好以後，可在樁上練習武術拳套招式、馬步樁功等，又需用 1 年。（圖 347）

5.再埋露出地面 5 尺高的木樁，栽埋木樁方法同上。在木樁上練習拳套招勢，或馬步樁、弓步樁、虛步樁、仆步樁、獨立樁、歇步樁等功法，練至運用自如，不覺費力，也須 1 年功夫。（圖 348）

6.再埋離地面 7 尺高的木樁，栽埋木樁方法同上。栽埋好以後，可以用腳步步踩在樁上練習拳路和招勢，或者各種

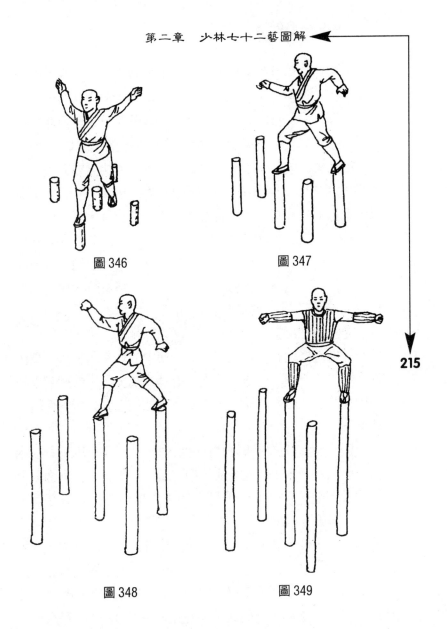

圖 346

圖 347

圖 348

圖 349

215

椿功等，至練習純熟，在椿上運用自如為度，必須１年半功
夫。（圖 349）

練習功法和拳路招勢，必須身上帶砂袋。砂子應經火燒和豬血浸，否則會損血，若用銅製腿環或青銅代砂亦可。重量由輕漸重，日日增力，月月增加沙袋重量，直至全身上下共帶砂袋 60 斤，能練習自然，可於椿上躍躍縱跳如履平地，即功夫告成。初步成功需 5 年，真正成功需要 6 年。要想鞏固功夫要 8 個春秋，並仍然要繼續苦練。否則不進而退，退則前功盡棄，一切苦心力氣均付之東流。

練習者最初在地上練習時，立時只一足，並且著力於足尖，心中自定跳躍的程序，左右足下落不要受限制，以便利為主。足尖一定要踩在梅花椿的中央，不可偏位，偏則功夫稍遜，更要努力，待練熟後再上椿。

【功法略解】

1.梅花椿功是少林正宗七十二藝中的軟功內壯法，屬於輕身功夫的一種，也是飛檐走壁的基本功夫，專門練習人身的敏捷及步法輕靈的功夫，為少林寺武僧經常練習的傳統椿功之一。

2.少林武術的走椿是東、西、南、北四方各栽一根木椿，中間栽一根，為五子梅花椿；還有七星椿（排列像天上的北斗七星，又名「勺子星」）、九星椿（排列是在前、中、後各豎 3 根椿，共 9 椿，形成方陣）、八卦椿（按八卦圖乾、坎、艮、震、巽、離、坤、兌排列）、九宮椿（排列按金、木、水、火、土、外加坎、艮、巽、坤四個斜方，共為九宮，也可以說八卦椿當中，加一根戊已椿，即為「九宮」）、天罡椿（排列式是從左至右分為 12 行，每行前、中、後豎插 3 椿，共計 36 椿，取「三十六天罡」之意）、天干椿（排列前 3 根、中 4 根、後 3 根，共計 10 根，取

「十天干」而得名)、地支椿(排列每行3根，共4行，按屬相「十二地支」而得名)、竅宮椿(排列是共4行，每行7根，按「二十八宿星辰」而得名)、地煞椿(又名「竅林椿」，排列式共6行、每行12根，共72根，按「七十二地煞星辰」而得名)、轉輪椿(下邊一個粗木軸，栽在地下很穩固，上邊一個轉盤，盤上也是五根梅花式木椿排列，在其上練習很難，因為木盤轉動，沒有15年至20年的功夫不能習成轉輪椿)、猿猴椿(排列式當中一個大粗木椿，上頭一個橫木，當中有一個活動鐵軸在橫木上穿過，橫木的兩頭各安兩個短椿，連中間大柱共5個，橫木的兩頭下邊有石墩接著，與橫木相距2寸。如果跳上練習功夫，跳到一頭，另一頭即撬起，兩頭形似猿猴，並跳上躍下地活動著，很難踩穩椿頭，與轉輪椿費力不差上下，需15年苦修)。

3.經過練習椿功，既能增長下盤的實力，又能把身體練習靈活，是少林武術中一種重要的基本功夫。練習梅花椿和練其它椿同樣困難，木椿面積很小，人在上面以腳前掌踩踏，一不穩就會掉下來。同時，由於各椿當中有一定空隙，每一個動作必須要掌握分寸尺度，否則如果不慎掉下來是小事，四面都是椿頭，會受傷損的。因為難度大，危險性也大，所以不要貿然蹬椿，要練成一定技巧後，再上去練習。

4.練習此功夫多用於臨機應敵之用，除了練習跳躍靈便，還練習眼神。與人交手時可使人捉摸不定，可出奇制勝。

5.少林梅花椿練習的要點：要吃苦耐勞，不許間歇；要堅持不懈，銳意精心進修。此功主要練習身之輕靈，步之敏捷，限之觀察。

圖 350　　　　　　　　　　　圖 351

少林貞緒大師曰：

　　少林樁功須耐心，步形尺寸要謹愼。

　　練至身輕如飛燕，應用自如把敵臨。

五十、拈花功

歌訣曰：

　　拈花功夫練指功，空指捏完豆粒行。

　　豆粒過後捏石塊，碎磚石塊地下扔。

練　法

　　1.拇、中、食三指肚慢慢外拈，復向內拈，時間不限，有空即行，拈1年半。（圖350）

　　2.再用大黃豆粒，以拇、食、中三指拈捏轉旋。再經1年後，至一拈捏豆粒即碎時為宜。（圖351）

　　3.再拈捏旋轉青綠豆粒，1年後一拈捏即碎。（圖352）

　　4.再拈捏旋轉青石塊，1年半後，一拈捏即碎。5年後繼續不間斷練習，即告成功。（圖353）

圖 352　　　　　　　　　　圖 353

【功法略解】

　　1. 拈花功是少林正宗七十二藝中的軟功外壯法，屬陰柔之勁路，專供練習指頭拈勁，也是少林寺武僧練功不可缺少的一種手指功夫。

　　2. 拈花功在少林武術中主要起技擊點捏穴位之用。與敵搏擊時，可以拿捏敵人的腕部脈門，閉住血液循環，使敵有重傷的危險，制敵威力比掌拳都大。拈花功是少林寺武僧最喜歡練習的功夫之一，如唐代寶輪、宋代智端、元代子安、明代洪榮、清代清蓮等武僧皆精此藝。

　　3. 拈花功的練習要點：用心從事，歷久不渝。此功最少需 5 年，甚至 10 年才能練成。功成後觸敵則難以抵擋，為少林功夫中的殺手。

　　附：洗手指秘方

　　羌活 30 克、荊芥 30 克、蔓荊子 30 克、桂枝 6 克、丁香 6 克、白芷 9 克、川芎 30 克、細辛 6 克、防風 30 克、乳香 15 克。

　　以上諸藥，共研細末，每藥末 30 克，加鹽 6 克，連鬚蔥白頭 5 個，煎湯溫洗，練前練後各洗一次。

圖 354   圖 355

【功效】：有消腫去毒、舒筋活血、強骨之用。

少林高僧貞俊大師曰：

　　拈花功夫藝難成，持之以恆苦用功。

　　朝夕練習誠肯研，修到終期自然成。

五十一、螳螂爪

歌訣曰：

　　螳螂爪功藝出奇，磚上蓋厚紙桑皮。

　　單手砍磚穩而定，掌切頑石如刀劈。

練　法

　　1.將 5 塊磚疊在一起，上蓋 3 寸厚的桑皮紙，用掌砍擊，至能用掌擊碎紙下之磚時，漸漸減磚增紙，需 1 年半功夫。（圖 354）

　　2.至紙厚 1～2 尺，仍能擊碎紙下之磚時，則此功已達半成，又需 1 年半，此功夫完成。（圖 355）

　　3.將一瓦豎立，兩邊緊挨磚頭抵住，以免傾倒，用掌向

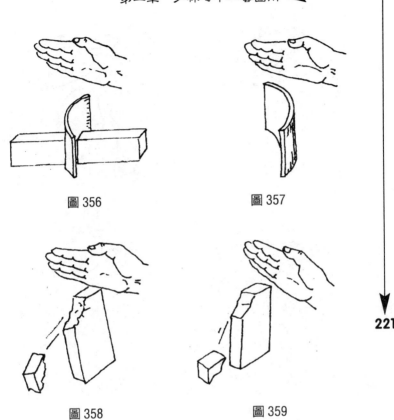

圖 356

圖 357

圖 358

圖 359

221

下劈。（圖 356）

　　4.將瓦豎於地，兩面不挾不抵，舉手劈其一角，不但不倒，而且並未動搖，功至七成也，又需 3 年功夫。（圖357）

　　5.再將磚豎立，使掌劈之。（圖 358）

　　6.豎磚於地，用掌劈去一角磚不倒，此又是 1 年的時間。（圖 359）

　　7.砍城牆大磚，應手砍去一角而不倒不搖，其磚是最厚

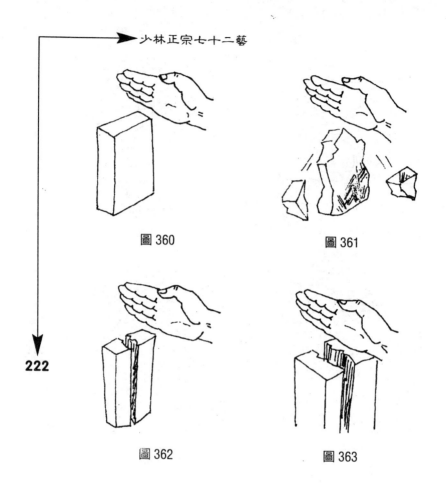

圖 360

圖 361

圖 362

圖 363

的。（圖 360）

8.再砍青石，迅速削去石頭兩角而不動搖，又是 1 年。
（圖 361）

9.砍青石塊，應手而分開，勢如刀切而不倒，此為大功
告成。共須 10 年苦練。（圖 362、363）

【功法略解】

1.螳螂爪又名「大力金剛手」，是少林正宗七十二藝中
的硬功外壯法，屬陽剛之勁，兼陰柔之勁路，是專練掌部的

功夫。

2.螳螂爪功夫在少林武術技擊中，有著重要作用。此功練成後與敵搏鬥，劈敵則傷其筋骨和內部臟腑。敵來向我進攻時，我用掌格擋，敵則負傷而退。此功夫少林寺歷代武僧習者俱多，如隋代子升、唐代靈隱、宋代洪溫、元代智聚、明代玄敬、清代靜樂等高僧，皆對此術有較深的造詣。

3.練習螳螂爪的要點：必須堅持苦修，不要停止不前，要逐日增力氣，月月增加難度大的勢法和功法。

附：練掌藥方

川烏 3 克、草烏 3 克、天南星 3 克、蛇床子 3 克、半夏 3 克、百部 3 克、花椒 30 克、狼毒 30 克、透骨草 30 克、藜蘆 30 克、龍骨 30 克、海牙 30 克、地骨皮 30 克、紫苑 30 克、地丁 30 克、乳香 15 克、劉寄奴 60 克、硫磺 30 克、青鹽 120 克、秦艽蒂 3 克。

223

以上諸藥粉，加醋 6 碗、水 6 碗，熬煎至 9 碗。洗手時先將藥水放火上溫熱，再洗手。一劑藥可用 20 天。

【功效】：舒筋活血，強健骨骼，堅實皮肉肌膚，加速練功的速度。

少林高僧淳念法師曰：

　　全剛鐵手妙無常，寺僧習練苦用功。

　　防護家產有實用，惡賊歹徒膽戰驚。

五十二、跑板功

歌訣曰：

　　跑板功法非等閒，上下跑跳數十年，

　　練之跑上兩三丈，上下輕靈應實戰。

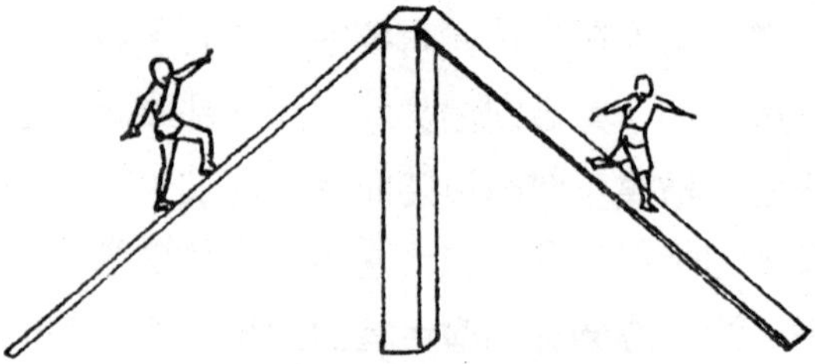

圖 364

圖 365

練　法

1.用長木板斜塔在木柱上形似道橋，木板斜 25°，可以身穿沙衣，腿帶沙袋，沿木板往上跑，再從上邊跑下來。跑半年後逐漸向上豎起木板，增大木板的斜度。（圖 364）

2.木板漸漸豎成 45°，仍然上下跑跳自如，需 1 年功夫。（圖 365）

3.木板漸漸豎成 70°，仍然跑上跑下，運用自由，又是 1 年。（圖 366）

4.再跑 85°木板（圖 367）。熟練後除去木板，壘一個

圖 366　　　　　　　圖 367　　　　　　　圖 368

微滑之牆，斜 85°，仍然練習跑上跑下，早、午、晚練習，又是 1 年。（圖 368）

5. 身穿 30 斤沙衣，綁腿總共 22 斤，上下跑 90° 的直牆，運用自如。需要早、午、晚 3 次苦練，每天跑 1500 次，再跑 3 年半，共計 7 年苦功夫，即可成功。後可練習身挾物於兩臂下，上下再 3 年，逐漸加重物，共計 10 年。如除去沙袋、沙衣，可兩臂挾上百斤之物，上牆勢如平路。

砂子燒紅，再用豬血浸沁，埋入地下 49 日後取出沙袋，可除去毒氣，以免造成皮膚受傷潰爛。

【功法略解】

1. 跑板功是少林正宗七十二藝中內外功的軟功內壯功法，是專供練習人身輕功登高躍遠的功夫，少林寺武僧經常練習此輕身功。

2. 跑板功夫在少林武術中有著重要作用。如與敵搏擊時，可以閃避快速，進攻敏捷；在敗陣時可以一躍而跳出圈外，免遭敵人重擊；捉拿敵人時，任敵跑出多遠，也可縱身趕上；在被困於院內或者屋內時，可以縱身躍上牆或屋頂，

奔走他鄉；寺僧在盜賊來搶奪財產時，可以迅速捉拿賊人。少林歷代都有武僧精此技術，如明代普便、廣順，清代清雲、清飛、真珠等高僧都對此有深厚的造詣。

3.練習此功的要點：要循序漸進，不可猛進；要經久苦練，堅持不斷，方可成功。

附：練功洗腳方

地骨皮 20 克、乳香 15 克、雞血藤 30 克、海風藤 18克、青風藤 15 克、絲瓜絡 30 克、某草 15 克、五加皮 15克、艾葉 30 個。

以上諸藥粉，放入水中浸泡煎湯，練功後溫洗兩小腿和腳，用15 天後再換新藥另煎洗。

【功效】：消毒去腫，舒筋活血，強壯骨骼，可加速功夫進展。

少林高僧湛舉法師曰：

跑板功夫雖普通，但要虛心持苦恆。

上下跑跳十年整，滾龍爬坡任意行。

雖然不是真財寶，它比黃金勝幾層。

五十三、閃戰法

歌訣曰：

閃戰之法費心多，屋內架上懸稱砣。

打開稱錘不沾身，閃戰騰挪身靈活。

練　法

1.在一間屋裡吊兩個稱錘，用拳頭打開，使兩稱錘擺動開，需打 3 個月，方可利索不沾身。（圖369）

圖 369

圖 370

圖 371

圖 372

2.再加一個在前面，共有 3 個稱錘，用拳頭向 3 個方向打開，稱錘來回擺動不沾身，又需要 3 個月。（圖 370）

3.再將 4 個稱錘吊起來，用拳頭打開，如來回擺動不沾身，又需要 3 個月時間。（圖 371）

4.天天磨練，身法閃避動作迅速，加至 5 個稱錘，打一段時間再加一個，共有 6 個稱錘。用拳打開，來回擺動，毫無沾身之處，又要半年時間。（圖 372）

圖 373

圖 374

5.逐漸經久苦練，又加至 7 個稱錘，打上 4 個月時間再加至 8 個稱錘，等打上 5 個月，打得稱錘來回擺動，無有沾身之處為度。（圖 373）

6.逐漸加至 10 個稱錘，打得來回擺動，無有沾身之處時，又需要 1 年零 3 個月。（圖 374）

圖 375

7. 打開稱錘 12 個，來回擺動，練功者在當中毫無費力之時，又要 1 年零 9 個月。（圖 375）

要想把稱錘打得利索，需要 5 年的時間，要想應用自如躥跳蹦縱靈便，也要 6 年時間，方可大功告成。每天早、午、晚 3 次閃打腳踢，即可打的快如閃電，到練成後鬥群敵而不怯。

【功法略解】

1. 閃戰法是少林正宗七十二藝中內外功夫的硬功外壯法，兼陰柔之勁路，是專供練習人身閃避的功法，又練習眼神和兩拳的靈敏度，是少林寺僧人經常練習的功法。

2. 少林閃戰法在少林武術中有著重要的作用。如與敵搏鬥，則動作快速，敵不動，我即擊到敵身；敵微動，我則防護森嚴；敵來手，我即毫不費力地撥架在一旁。敵用利器傷

我時，即迅速閃開，閃戰騰挪，封閉閃躲，蹦高圍矮，行南就北，走東過西，來來往往，去去回回，把敵人搞得眼花撩亂，一戰成功，速戰速決。

少林寺歷代武僧皆有練習此藝者，如明代悟雷法師、洪榮法師、到時法師、同隨法師、玄魁法師，清代的玄寂、玄化、清蓬、清紹、如容、如雲、如修、如峰、如淨、海梁、海潤、湛剛、湛樂、寂亭、淳念等高僧，對此功夫都有很深的造詣。其中如淨師太練此功 10 年之久，身法靈活如閃電。28 歲時，出山雲遊路過歸德府。天黑了，有一伙賭棍16 人圍上來要戲弄她，她毫無怯色，大聲叫道：「你們不要無理，如若不規矩，可要吃苦頭了。」這些人根本不聽，圍上來伸手亂抓，她伸手抓倒一個，又抓倒一個，砸在前一個身上，一眨眼時間如淨師太垛起了 6 個賭棍，都哭爹喊娘的爬不起來，剩下幾個被驚傻了。如淨師太說：「你們是方木頭，不從圓眼裡過，叫你們知道胡椒的辣味，你們以後如不改，我非叫你們爬一輩子不可。」賭棍們嚇得磕頭求師太開恩，她一腳挑起一個，平地踢出去 1 丈 5 尺開外，在地上滾了兩三個滾才爬起來，嚇得賭棍們一哄而散。

3.練習少林閃戰法的要點：要聚精會神，心無所思，內氣固足，全身上下要乾淨利索，招勢齊備才可以練習。精神不好時不要練習，否則容易失誤，容易被碰著。雖然碰著不易受傷，但是練習等於在戰場拼搏，如果被敵人碰一下，則導致失敗，所以要精心研練，方為玄妙。

附：練功藥方

川烏 18 克、草烏 18 克、乳香 18 克、沒藥 18 克、桑寄生 15 克、羌活 20 克、紅花 10 克、雞血藤 15 克、青風藤

15克、木瓜15克、靈仙15克、牛膝18克、勾藤18克、龍骨20克、絲瓜絡20克、黃芪10克、甘草15克、牡蠣15克、地骨皮15克、五加皮15克。

以上諸藥粉用水煎，在練功以後溫洗手腳，每一劑藥物用20天後再另換新藥。洗過後藥水不要丟掉，下次再溫再洗，水少了可以加水多煎幾次，直至20天再扔掉換新藥。

【功效】：舒筋活血，強壯骨骼，加速功法進展，堅實皮肉肌膚。

少林高僧如修法師曰：

　　　　稱錘雖小鐵製成，三個兩個好應戰。

　　　　如果上來十幾個，手忙腳亂眼發蒙。

　　　　稱錘打開不沾身，一人可抵萬夫勇。

　　　　練至有形歸無跡，方知玄妙須用功。

五十四、金刀換掌功

歌訣曰：

　　　　諸刀走開亂紛紛，苦修苦練幾十春。

　　　　四面八方急躲閃，上下快進難沾身。

練　法

1.在一間屋裡，上邊高懸橫木數根，用繩或鐵鏈吊起兩口尖刀（刀長6寸，上面有兩刃一尖，後把上有眼和一個小環，繫繩吊在上面的橫木上），刀下面高與人胸平齊，刀尖向下，練習用手撥打，經過半年時間方可以撥得利索，打不沾身。（圖376）

2.在4口尖刀下練習撥打踢擊，不準沾身，必須要3

圖 376

圖 377

232

圖 378

圖 379

年。（圖 377）

　　3. 在上邊懸吊 6 口刀，練習撥打和踢擊，至刀子不沾身，要經過 6 個年頭，打得靈活自如。（圖 378）

　　4. 在屋裡懸起 8 口刀子，在裡面用手撥打，用足踢擊，打得刀子不沾身，乾淨靈便，需用 8 年功夫。（圖 379）

　　5. 在懸吊的 10 口刀下，練習足踢拳打，早晚練習，能

打得不沾身時，需
10年功夫。（圖
380）

6.在上面橫木上
繫吊著高至肩、矮至
膝、不高不矮與腰胯
平齊的兩刃尖刀12
口，形似刀林。練功
者在裡面手撥腳踢，
閃躲靈便，快如閃
電，無一刀沾身，乾
淨利索，應用自如地
正常活動，要13年
純功。（圖381）

7.在上面橫豎交
叉的橫木上，吊著
上、中、下三層高
矮、長短不同的吹毛
利刀。練功者在裡面
用前後左右撥打、踢
擊、肘拐、頭碰等方
法，把刀子撥動得來
回擺動不停，身子在
裡邊，閃展騰挪，行
南就北，躍躍蹦跳，
14口刀子不沾身，

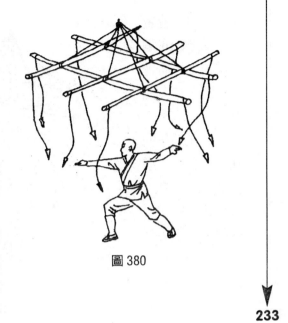

圖380

233

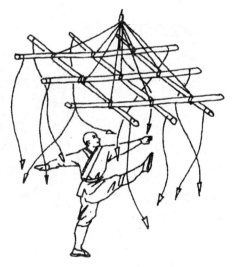

圖381

練功者也不覺費
力。要練 16 個
年頭，方可將近
成 功 。 （ 圖
382）

　　8. 在懸吊的
16 口刀下，撥
打踢勾，閃戰騰
挪，運用自如，
練起來毫不感到
費力，身上不受
損失，功夫成
功，前前後後要
下 22 年功夫。
處處以撥踢刀上
環子為重點，不
可撥刀刃。（圖
383）

【功法略解】
　　1. 金刀換掌
功是少林正宗七
十二藝中內外功
夫的硬功外壯
法，兼陰柔之
力，陽剛之勁
路，是專供練習

234

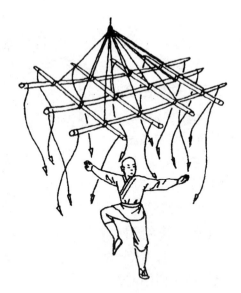

圖 382

圖 383

手、眼、身、步的重要功夫，也是少林寺最難最險的功法。

2.金刀換掌功是少林武術中的精華，為少林武術技擊散打中不可缺少的功夫。功夫練成後，可使手、眼、身、步等靈活迅速，閃戰敏捷，有隙即乘，進擊飛招準確無誤。點之則重，擊之則傷，無不應手靈。少林寺歷代皆有武僧練此功夫，如明代悟淨、悟華、悟禪，清代湛化、湛王、湛剛、湛可、寂元、寂袍、寂敬、淳智、淳華等都精此武功。

3.練習金刀換掌功的要點：要細心謹慎，切勿大意粗心，以免傷損身體。要在精神清爽時練習，精神不好不要練此功，否則影響速度和靈敏性。要持恆苦練，耐心進修，不求猛進突飛，如此才能練出真正的少林功夫。

附：練功藥方

羌活 30 克、蔓荊子 30 克、荊芥 30 克、桂枝 6 克、丁香 6 克、白芷 9 克、川芎 30 克、細辛 6 克、防風 30 克、乳香 30 克。

以上諸藥物共研細末，每藥末 30 克，加鹽一匙，連鬚蔥白頭 6 個，煎湯溫洗。練功後溫熱洗腳手等處，每劑藥物用 20 天後，再換新藥另煎另洗。

【功效】：消毒去腫，舒筋活血，強健骨骼，堅實肌膚皮肉。

少林武術大師貞方曰：

> 刀林建樹功法難，小心慎重莫心煩。
>
> 心平氣和精神爽，手腳肘膝不休閑。
>
> 來回躥躍快如電，撥風扒打在機關。
>
> 若能練熟金刀陣，遊走乾坤不膽寒。

五十五、輕身術

歌訣曰（少林真靈法師遺言）：

> 輕身術法最難通，跑過紅沿籮筐乘。
> 黃沙鋪地上蓋紙，每天三次跑不停。
> 去淨紙張走沙上，輕似鵝毛無腳蹤。
> 蹬上浮萍可渡水，竹簽以上可飛騰。
> 槍尖以上能戰鬥，豎香火頭能戰征。
> 牛油大燭燈光戰，離地八步可登空。
> 此為少林真玄妙，真正絕學在心中。
> 無德之人難學會，心數不正難練成。
> 不是老僧說胡話，正直無私出英雄。

236

練 法

1.用大口瓷缸一個，內盛清水 500 斤，身上和兩腿共帶 4 斤鐵砂袋，在缸沿邊行走。每月取出清水 15 斤，身上加帶鐵砂 1 斤（鐵砂應燒紅後用豬血浸沁 7 天，再埋地下 49 天，取出裝代，以免中毒，否則會引起皮膚潰爛）。（圖 384）

2.練至缸內的清水取淨後，成為空缸，身上的鐵砂已加至 40 斤，此須 3 年的苦功。仍要繼續練習，此為第一法。（圖 385）

3.在大籮筐內放滿沙子（486 斤），身上共帶 5 斤鐵沙，走籮筐邊。每半月取出 10 斤沙子，身上加 1 斤鐵砂，早午晚 3 次練習。（圖 386）

4.經練習後，取淨筐內的沙子，身上的鐵砂加到總重

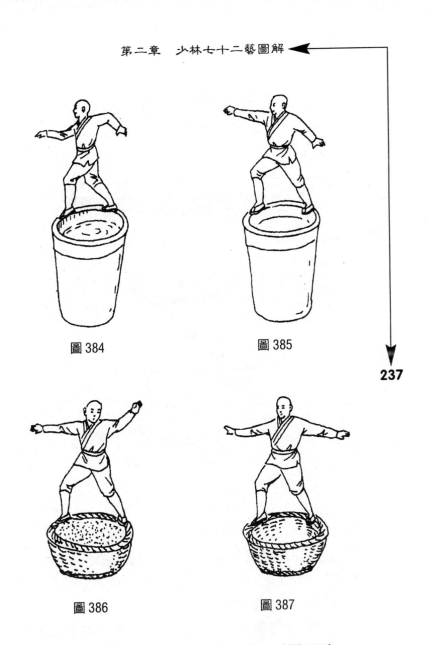

圖 384　　　　　　　圖 385

237

圖 386　　　　　　　圖 387

53斤，早午晚3次繼續習練，此為第二法。（圖387）

　5.用沙鋪成一個通道，寬2尺，長不限制，最短不少於

圖 388

圖 389

1 丈長，沙厚半尺，上邊用薄桑皮紙蓋 1 尺厚。身上的 53
斤鐵砂不減，每月加半斤，在紙上行走，每天去掉兩張桑皮
紙。早、午、晚 3 次持恆練習。（圖 388）

　　6. 練至 10 年後，沙子的桑皮紙全部去掉，身負 113 斤
鐵砂子，在沙道上行走自如，無腳印，此為少林正宗的「踏
雪無痕功」。（圖 389）

　　7. 放下全身鐵砂，可以蹬萍渡水，也可踏波浪渡江河而
不下沉，如腳踏浮萍枝葉過江河更為順利，名為少林正宗的
「蹬萍渡水功」。（圖 390）

圖 390

圖 391

8. 身負 20 斤鐵砂，在離地 2 尺高的木樁上行走，逐漸加高，身上每月加鐵砂 1 斤。（圖 391）

9. 至全身鐵砂總數加至 100 斤，木樁由粗變細，由矮漸高，用細竹竿離地上露 8 尺為度。（圖 392）

10. 至身上的鐵砂又增至 113 斤，竹竿上梢削成鋒利的尖頭，即成功。可以放下鐵砂，空身在竹簽上練拳、對打，名為少林正宗「簽上飛騰功」。（圖 393）

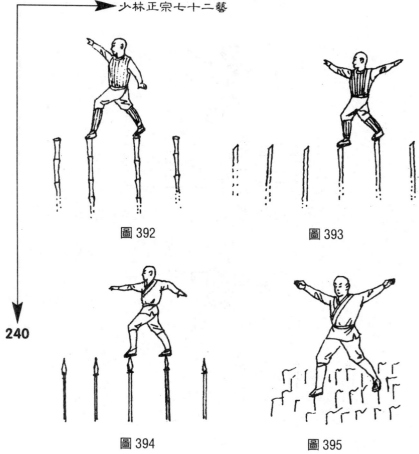

圖 392　　　　　　　　圖 393

240

圖 394　　　　　　　　圖 395

11. 放下鐵砂，空身可在槍尖上行走，赤腳跑跳，在上邊單練對打，名為少林正宗「槍尖飛行功」。（圖 394）

12. 進一步也可在香頭上行走，不滅火頭，對打單練，如走平地，名為少林正宗「豎香戰鬥功」。（圖 395）

13. 再進步也可在燈燭上行走、戰鬥、單練，燭火不滅，名為少林正宗「燈光戰鬥功」。都要精心研練，方可成功。（圖 396）

圖 396　　　　　　　　　　圖 397

14.再進一步，可向前離地縱身，懸空走5～8步方可落地，要進步提起中氣，行走如常，此名為少林正宗「八步蹬空功」，又叫「空中走八步」。（圖397）

前前後後練成此（七大功法）輕身術法，須20年之久，學練成功很難。只有正直無私之人、心平氣和之人、武德高尚之人、嚴遵清規戒約之人，才能真正得到師法真傳。

【功法略解】

1.輕身術功法是少林正宗七十二藝中軟功內壯功法，專供練習人身敏捷輕飄的功夫，為傳統輕身術法之一，也是少林寺歷代武僧經常研練的功夫。

2.少林輕身術功法在少林武術技擊和散打擒拿技擊中有著重要作用。它捉敵迅速，迎敵靈便，避敵自然。少林寺武僧歷代都有名師，如一代武僧北齊稠禪師；二代武僧北周志剛禪師；三代武僧隋唐子升禪師；四代武僧唐代空空大禪師；五代武僧唐代寶輪（靈隱）禪師；宋代福湖禪師、靈敏禪師，元代智安禪師，明代了真禪師、鐵印禪師、元成禪師，清代清真師太、清玉師太、清修法師、真靈法師等，對

241

此藝都有很深的造詣。如真靈法師研練功夫 30 年之久，有一次他出山雲遊，路過金陵城北長江渡口，見有一少年在江邊，被一黑大漢猛一腳踢下江口，眾人都喊叫束手無策，真靈法師一見，連佛號也沒來得及念，即縱身下水，正趕上這少年在水裡亂抓亂冒，他老人家單手抓起少年的領子提著縱身上了岸邊。老人家縱下水的地方離他起步的地點有 3 丈遠，可見他功力純厚，救了少年的性命。

3. 練習輕身術的要點：精神集中，心無所思，掃清頭腦雜念；收身使中氣上提，小心謹慎，方可走細小微物尖上，如不慎重，則有摔掉的危險；更要持之以恆，苦苦修煉，不要忽冷忽熱地亂練；要循序漸進，堅持不懈，不求突飛猛進，中途休歇則停止不進，經 20 年純功自然成材。

附：練功秘方

川烏 20 克、草烏 20 克、桑寄生 20 克、五加皮 20 克、地骨皮 20 克、桂皮 15 克、乳香 15 克、沒藥 15 克、牛膝 20 克、雞血藤 20 克、青風藤 20 克、海風藤 20 克、勾藤 15 克、透骨草 15 克、鐵腳威靈仙 20 克、紅花 10 克、黃芪 15 克、續斷 15 克、絲瓜絡 20 克、松樹皮 18 克、槐樹皮 18 克、柳樹皮 18 克、楊樹皮 15 克、青鹽 100 克。

以上諸藥，放上清水浸泡煎藥水，溫洗腳部和小腿，要在練功後洗腳，每一劑藥用 20 天後，另換新藥再煎再洗。

【功效】：舒經絡，壯骨骼，順氣血，堅肌膚和皮肉，加速功夫進展。

少林輕身術名師真靈法師曰：

練習輕功要心靜，功德無量體飛升。

中氣上提尖上行，抖擻精神可登空。

練至有形歸無跡，方知玄妙在用功。

少林點打名師如淨師太曰：

先師輕功屬上乘，深功苦下數十冬。

身輕如燕救弟子，帶回嵩山訓成龍。

師弟如修繼前輩，藝成雲遊勝群雄。

五十六、鐵膝功

歌訣曰：

苦修苦練鐵膝功，肉拳擊摩木槌楞。

換用鐵錘打三年，膝蓋堅硬應用靈。

練　法

1.練功者兩腿盤膝坐正，用兩拳砸擊兩膝蓋，每天早、午、晚3次練習，每次各砸500拳，每天砸膝3000拳，半夜子時也可以各砸擊500拳，全天共砸4000拳。（圖398）

243

圖398

2.每次砸擊以後，用雙手按摩膝蓋，向內摩100圈，再向外摩100圈，每天早、午、晚3次按摩，半夜要砸擊也隨之按摩，共按摩4次，左右共旋轉按摩800圈，自然輕鬆。可以舒筋活血，以防肌肉僵硬，必須耐心堅持按摩。（圖399）

圖399

圖 400

圖 401

3.練習 1 年半後，砸之不覺疼痛了，兩膝堅實了，可以更換用木槌擊打兩膝蓋，依上法練習之，每天 4 次擊打，每次擊打兩膝蓋各 800 槌，每天共砸擊 6400 槌。砸擊後仍然依上法按摩，向內旋轉 120 圈，再向外旋轉 120 圈，全天旋轉按摩共 960 圈。（圖 400）

4.再練習 2 年後，可換鐵錘擊打兩膝蓋，依上法練習，每天 4 次擊打，每次擊打兩膝各 1000 錘，每天共砸擊兩膝 8000 錘。砸擊後仍然依上法按摩，向內旋轉 150 圈，再向外旋 150 圈，全天共旋轉按摩 1200 圈。要真正練成最少要 6 年，全功告成也得 9 年。（圖 401）

【功法略解】

1.鐵膝功是少林正宗七十二藝中的硬功外壯功夫，屬陽剛之勁路，專供練習膝蓋部的功夫，也是少林武僧經常研練的功夫。

2.鐵膝功在少林武術中有著重要作用。與敵搏鬥，有上提、下跪、左拐、右掛、前頂和防護等用處，不精武術者，不易應用。功成之後，一對膝蓋與鐵鑄者無區別，攻擊時可利用膝蓋作武器，如合膝與分膝等都是攻擊敵人所用的。膝部也可左右震擊，也是膝關節的靈活力，此力量雖不大，但

也可把對方攻來的力量化小或者化無。膝部的用處是支撐全身的重量，牽引大小腿的行動，做各種大大小小的動作，所以練習膝關節極為重要。

3. 練習鐵膝功的要點：學習武術之人，藝不壓身，技不怕多，越多越妙。以全身而言，多練一種功夫，多有一種用處，所以要持之以恆，耐心苦練，循序漸進，這樣才能練成堅實的一雙膝蓋。

附：湯洗藥方

桂枝 3 克、丁香 6 克、荊芥 28 克、蔓荊子 32 克、牛膝 32 克、防風 15 克、乳香 15 克、雞血藤 10 克、細辛 6 克、羌活 20 克、白芷 6 克、艾葉 20 個、絲瓜絡 10 克。

以上藥物，共研細末，每用藥末 30 克，加食鹽 9 克，連鬚蔥白頭 5 個，煎湯洗膝蓋。洗時須溫熱，不限次數，多洗更妙，一劑藥可分成 7 份，每份藥用 2～3 天，再換新藥，共用 15～20 天。都是用在練功之後，行完按摩術，再溫洗膝蓋。

【功效】：堅肌膚，硬皮肉，舒經絡，強筋骨；加速功夫的進展，更有消腫、去毒、止痛之妙。

少林高僧宗鄉長老曰：

鐵膝練成賽鐵銅，用力敲打金石聲。

如若提膝攻防用，抵上對手即致命。

五十七、陸地飛行術

歌訣曰：

陸地飛行術法通，練成須要八年功。

功成行走如閃電，東西南北任意行。

圖 402　　　　　　　　　　圖 403

練　法

1.腿上帶上沙帶，身上穿上沙衣，在地上練習跑路功夫。每腿帶沙袋 1 斤，身上沙衣裝 2 斤（黃沙要放鍋內炒熱以後，再放醋內浸泡一夜，取出涼乾再裝入沙袋，以免毒氣摩損潰爛皮膚），全身共裝沙袋 4 斤，每次跑 30 里路，每天跑兩次，共跑 60 里路。苦練一年半，漸漸增至全身 40 斤。（圖 402）

2.在山嶺上的曲折小道和不平的曠野練習跑，每天漸漸增加路程，直至一次跑 40 里，兩次跑 80 里。（圖 403）

3.在陡壁懸崖上和崎嶇的山路練習奔跑，沙袋、沙衣漸漸增加至 60 斤，能穿在身上，帶在腿上，運用自如，每天早晚兩次，每次 50 里路，每天跑路 100 里。連續不間斷地跑 4 年半，能在凹凸不平的路上爬上跳下輕如靈猿。要持恆苦練，但也不可過急，以免損傷身體。須下 6 年苦功夫、8 年恆功，方可一次疾行 100 里。（圖 404）

圖 404

【功法略解】

1.陸地飛行術又名「千里腿」、「飛毛腿」、「萬里追風」等，是少林正宗七十二藝中軟功內壯功夫，專供練習人身快速奔跑行走的功法，為少林寺武僧經常練習的傳統輕功之一。

2.陸地飛行術在少林武術技擊上也有著重要作用，如遇敵來攻擊，我可以迅速閃在一旁；敵如猛攻，我即迅速走開；敵如有機可乘，我即閃電躍過來進攻敵手；對手不敵想逃跑，我即快速追趕捉拿，制服敵人。少林寺歷代都有武僧練習此技藝，如元代子安、覺遠，明代圓成、悟產、道時，清代靜雲、清飛、清白等高僧，善練此功法，有深厚的造詣。

3.練習此功夫的要點：要有恆心，循序漸進，不可猛進，即不要過勞，也不要偷閑，堅持不懈，長時期的練習，方可成功。

附：練功秘方

川烏 15 克、草烏 15 克、紅花 15 克、當歸 15 克、川黃蓮 15 克、川續斷 15 克、羌活 15 克、杜仲 15 克、乳香 15 克、沒藥 15 克、朱砂 15 克、自然銅 15 克、麻仁 15 克、五加皮 15 克、劉寄奴 15 克、茜草 15 克、血竭 15 克、牛膝 15 克、陳皮 15 克、骨碎補 15 克、破故紙 15 克、紫背天癸 15 克、土鱉蟲 15 克、紫金丹 15 克、絲瓜絡 15 克。

以上諸藥粉，共研細末，每次服 3 克，練功前用黃酒送服。

【功效】：壯筋強骨，調合氣血，消炎去毒，退腫止疼，加速練功進展。

少林高僧貞緒大師曰：

飛毛腿法快如風，疾如閃電箭如弓。

日行路程八百里，白晝修煉苦用功。

五十八、穿簾功

歌訣曰：

穿簾功　若習成，苦修苦練十五冬。

形似猿猴靈如貓，　如紫燕穿林中。

練　法

1.豎一臺子，四平見方如桌子。練功時在臺上立正，兩手向上揚。（圖405）

2.兩手向前猛伸，上身隨著向前躥出，下身兩腿緊隨，身成直形，如空中前躥的紫燕一樣。在臺前數丈之處挖一大沙潭，裡面放上 3 尺厚沙子，在潭前釘四角木柱，以粗繩結

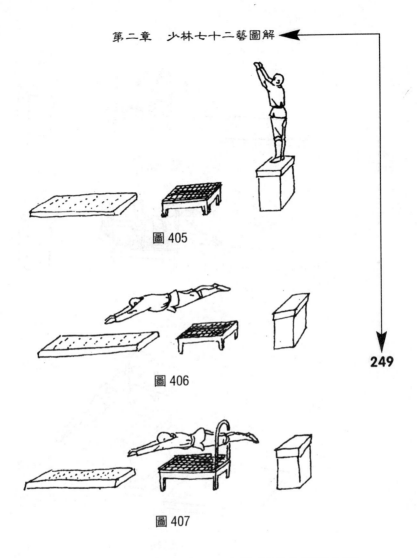

圖 405

圖 406

249

圖 407

成網，繫於柱上，網離沙約 2 尺高。人越出兩丈處奮力奔去，至網前平身向前穿過去，落入沙潭，需練 6 年。（圖406）

　　3. 在網上裝圓圈一個，仍能穿過圓圈飛向沙潭，又是 1年。（圖 407）

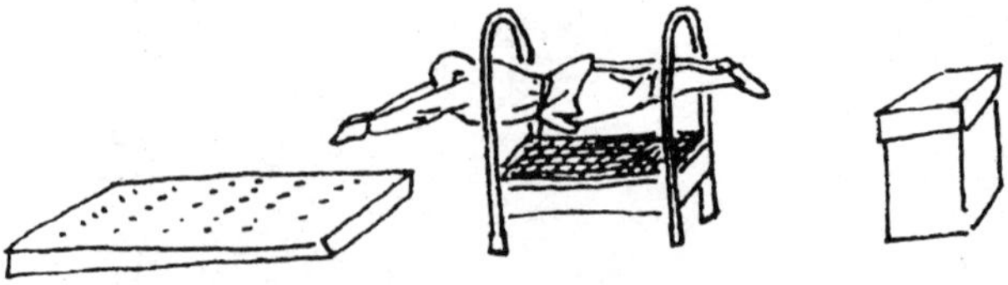

圖 408

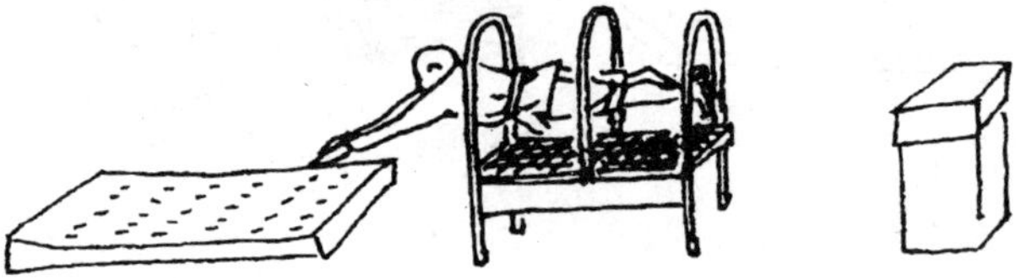

圖 409

圖 410

4. 在網上設兩道圓圈，仍然能穿過圓圈飛向沙潭，又是1年。（圖 408）

5. 在網上設 3 道圓圈，仍能穿過圓圈飛向沙潭，又是 1年。（圖 409）

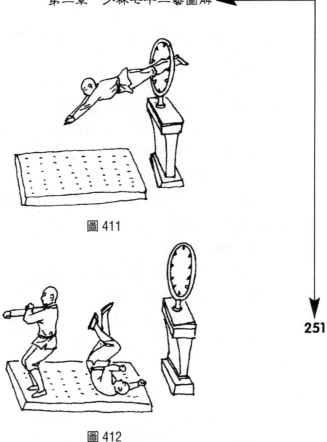

圖 411

圖 412

251

　6.在平地跑開，縱身躍穿3尺高的刀圈。（圖410）

　7.縱身躍穿12口刀的刀圈，奔赴燈草墊，翻滾而過，又是2年半。（圖411）

　8.在燈草墊上，翻滾起身而過，走下草墊，共須12年。（圖412）

【功法略解】

　1.穿簾功是少林正宗七十二藝中軟功內壯功夫，是專供

練習人身躍躍縱跳的一種功法，為少林寺歷代武僧經常研練的傳統功法。

2.穿簾功在少林武術中有著一定作用。如果與敵搏擊，可以躍身而至或躍身而走；擊敵出招身法快速，避敵閃戰身法靈活；如遇危急時，有小空即可出入自由。習成此藝最少也要5～8年，要全成功也要12～15年功夫。

3.穿簾功的習練要點：此功是輕身術的一種，要堅持耐心磨練，不要心急，必須精神集中，以免除失誤和損傷，要經10數年方可成材。

附：練功內壯丸

酒洗當歸150克、酒洗川牛膝150克、魚膠150克、豹骨450克（酥炙前頸）、枸杞150克、川續斷150克、補骨脂150克（鹽水炒）、菟絲子150克、炒蒺藜40克、蟹黃260克（炒）、遠志48克、牡蠣50克、力參15克、黃芪20克。

以上諸藥物研成細末，煉蜜為丸，如梧子大小，每次服9克，在練功前用黃酒服下，再喝開水少半腕。

【功效】：強壯筋骨，增力補氣，舒經絡，調合氣血，加速功法的進展。

少林高僧玄化大師曰：

穿簾功身體輕，快如燕似蜻蜓。

險急時應用靈，學眞藝要心誠。

五十九、浪裡鑽（汹水術）

歌訣曰：

露身蹬水足上功，斜肩抗水破浪行。

圖 413 　　　　　　　　圖 414

253

圖 415

提氣踩水手足動，金禪浮水快如風。
水底潛行排身進，足蹬沉水手上撐。
沉氣坐水千氣重，應敵躍水似蛟龍。

練　法

1.用足蹬水，上邊露半身在水面。（圖 413）

2.用肩胛斜抗水浪，向前奔行。（圖 414）

3.在水裡內氣上提，踩水，手足不停地運動，用足踏水，用手撥水。（圖 415）

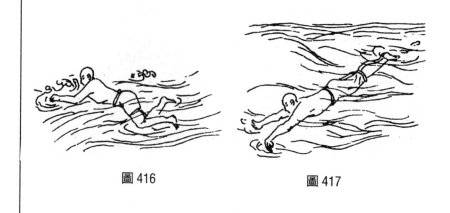

圖 416　　　　　　圖 417

254

圖 418

4.在水中形似金蟾，浮水疾快如風。（圖 416）

5.若想潛水下底，必須要用力排水下墜進入水底。（圖 417）

6.在水中足蹬沉水向下去，向下去用手勁相撐。（圖 418）

7.沉氣坐在水上，似有千斤而不落。（圖 419）

8.在水中應敵時似蛟龍向前躍身。（圖 420）

此功與游泳術相似。

圖 419

圖 420

255

【功法略解】

1.浪裡鑽又名「泅水術」、「八段功」、「水底潛行術」、「翻波浪」、「趕浪無絲」，為少林正宗七十二藝中內功外壯功法，專供練習人的水上功夫。

2.浪裡鑽功在少林武術技擊上有一定作用。因為武術在旱路上運用自如，到水裡就不順利，必須要精通水下功夫。因此，旱地能戰，水裡也能戰，才算全才，不然則會有所缺憾。

3.練習浪裡鑽的要點：要先在淺水中慢慢練習，到幾種動作熟練後再漸漸到深水裡練習，直至到江河裡去，都是一步步的進行。不要突然猛進，以免傷損身體，千萬要小心謹慎。

附：游水內壯丸

肉桂 20 克、紅花 10 克、黨參 10 克、香附 10 克、五味子 10 克、吳萸 10 克、藿香 10 克、川椒 8 克、雞血藤 10 克、牛膝 15 克、羌活 10 克、防風 10 克、蒼朮 10 克、川芎 10 克、白芷 10 克、甘草 10 克、靈仙 10 克、炮薑 15 克。

以上諸藥物，共研細末，打黃米麵糊為丸，每次服 10克。在練水功以前先服下此藥丸，用白酒和開水服下後，再下水練功。

【功效】：有壯筋骨、強經絡、舒通氣血之用；並有抗寒冷、溫身體、免生冷疾之功效。它是游水前服用的靈丹妙藥，更有加速功夫長進之效果。

少林高僧湛德曰：

浪裡鑽功波浪翻，水旱兩路稱英漢。

學習水功要持恆，漸漸耐心自靈驗。

六十、點石功

歌訣曰：

點石功法是苦功，白晝操練忙不停。

若能指到頑石破，何怕強敵筋骨硬。

練 法

1.先在牆上畫數十個圈子，共畫 36 個為最合適。用食指和中指反覆擊點一個小圈，直至出現凹痕。如第一個圈點凹用 20 天，第二個圈點凹可用 18 天，第三個圈點凹可用 15 天，漸漸縮短時間，到 3 年以後，可以一點即凹下去。（圖 421）

2.再換青石點之，又依上法練 3 年功夫，即點石成凹，總共 6 年可以成功。每天由少到多，由每天 3～4 次。每次點 100 指，逐步增加至 1000～5000 指，全天最少點 400指，漸漸增至 4000 指。只要持恆苦練，不無成功之理。（圖 422）

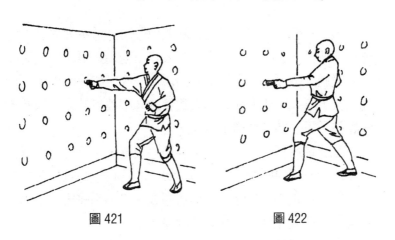

圖 421　　　　　　　　圖 422

少林點打名師如淨師太曰：

　　練就羅漢指金剛，點石如灰敵人傷。

　　遊走八方切要忍，誤傷朋友難參詳。

　　如若誤傷貴朋友，少林古剎有妙方。

【功法略解】

　　1. 點石功為少林正宗七十二藝中硬功外壯功夫，屬陽剛之勁路，專供練習手指截點功夫，是少林寺歷代武僧經常習練的點穴功夫之一。

　　2. 點石功在少林武術技擊散打中，有著重要的作用。如果與敵搏擊，觸之敵即筋斷骨折，內部受傷，或閉住血脈，影響血液循環，有致命的危險。敵來勢我撥之即破，也是防守護身的重要功法。如淨師太年齡 65 歲時，路過亳州城南關，遇一名叫金大力的惡棍打自己的表伯父。老者孤身一人，討飯在街上碰了他，便被按在地上打得死去活來，無人敢勸止。師太去勸他不聽，反要打師太，被她老人家用一指點倒在地，疼得鬼嚎起來。師太要求他把表伯父領回家當父

親，如不孝敬，下次再路過此處叫他殘廢，這金大力真滿口應承，把表伯領回家當父親，師太才給他治好傷。以後又從毫州經過，金大力果真敬老人如親父一樣。如淨師太懲制惡棍，救了老人，眾人都說無人敢管的惡棍被老師太一指頭治成好孩子了，為少林增了光輝。

3. 練習點石功夫的要點：要循序漸進，不可猛進；要持之以恆，不可中間停止；要精神集中，不可思想雜亂。雖然是指功，也是心神支配，心到者即成，心不到難成。所以拳家言：「練武先練心，練心才練身。」

附：練指秘方

川烏 3 克、草烏 3 克、南星 3 克、蛇床 3 克、半夏 3 克、百部 3 克、花椒 30 克、狼毒 30 克、透骨草 30 克、藜蘆 30 克、龍骨 30 克、地骨皮 30 克、紫苑 30 克、青鹽 130 克、劉寄奴 60 克、紫苑 30 克、地丁 30 克、乳香 10 克、沒藥 12 克、絲瓜絡 20 克。

以上諸藥物，用醋 6 碗，水 7 碗，煎至 10 碗為度，練功後溫洗手指。一劑藥物煎水天天溫熱後洗手指，如水用少了，可以再加醋和水再煎湯溫洗。用至 36 天時，再扔掉舊藥渣，換新藥再煎。此方是如淨師太所傳練指秘方。

點傷救治方：

頭部受傷：白芷、藁本、防風各 9 克，自然銅 2 克、加桂枝、荷葉、川芎、乳香各 2 克，用童便煎服，服後忌風。

傷頂門處：依上方去自然銅、加青皮 9 克。煎法和服法同上。

傷胸部處：依上方去青皮、加鬱金 9 克、滑石（水飛）9 克。煎法和服法同上。

傷腿部處：依上方加淮牛膝 15 克、海桐皮 6 克、斷續 2 克。服法同上。

傷腎部：依上方去淮牛膝、海桐皮，加骨碎補 15 克、陽起石 6 克。服法同上。

傷兩肋處：依上方去自然銅。加桔梗 3 克、杜仲 2 克。服法同上。

傷兩股處：依上方加杜仲 9 克、烏藥 9 克，服法同上。

周身重傷：用大螃蟹一隻，連殼搗爛，和陳酒隔水煨滾，取蟹汁，服至一醉，醒後服少林七厘散即癒。

少林高僧淳密法師曰：

石頭本是土中生，金木水火濟五行。

若叫頑石碎如粉，功力要勝數十層。

數十餘載練一指，不費苦功藝難成。

少林皈依弟子馬希貢老師講：

從師習藝在嵩山，淳密師父把藝傳。

金剛挫骨點石指，功法苦練數十年。

衝鋒陷陣幾十場，防身護體保安全。

六十一、琵琶功

歌訣曰：

琵琶功法彈指功，四指用力應用靈。

每天彈擊千餘指，十年指功得上乘。

練　法

琵琶功，又名「三陰指功」，也叫「指頭功」，專練指頭外面指甲處，是少林正宗七十二藝中硬功外壯法，屬陽剛

之勁，專練彈力。它四指
併用，陸續彈擊，有如音
樂家們彈琵琶的指法，故
此而得名。然而手指甲外
彈之力比較微弱，欲練成
一種足以制敵之功夫談何
容易，非有志者持其歷久
不渝之精神勤習苦練，則
難以成功。

圖 423

另外還要借助於藥功，以鋪佐其不足。用下列練指秘
方，依次分量配好，外加白醋、白鹽各 10 斤，入石臼中搗
爛之後裝入粗布袋內，放於堅木凳上，按之使平，待其風乾
凝成一塊之後，即可應用。

技擊者用拇指將食指、中指、無名指、小指扣緊，四指
則用力陸續向外彈擊，如此每日子、午、晚、晨練 4 次，每
次彈 500 指，全天 2000 指，猛力彈擊藥袋。如果藥袋彈爛
了，可以再換新袋再裝再彈，繼續彈擊，最少 5 年，最多
10 年即成功。此功雖屬陽剛之勁路，確實具有陰柔之氣
力，且係殺手的一種。功夫練成後，非至本身危在旦夕時，
切不可隨意亂用。（圖 423）

附：練指秘方

紫苑耳 6 克、石兒穿 6 克、千年健 6 克、杜仲 6 克、仙
鶴草 12 克、當歸身 6 克、川石斛 9 克、熟地 6 克、蚕蛇膽
1 個，荊芥 6 克、川牛膝 6 克、皮硝 18 克、蛇床子 18 克、
沙木皮 15 克、白蘚皮 6 克、防風 6 克、乳香 6 克（去
油）、石菖蒲 6 克、清木香 9 克、沒藥 9 克（去油）、自然

銅 6 克、木瓜 30 克、狼牙虎刺（醋煨研末）6 克、蒼耳子 6 克、海桐皮 6 克、紅花 6 克、五加皮 15 克、核桃皮 9 克、前虎掌 1 對，黃荊子 6 克、老鸛草 18 克、茜草根 9 克、大力根 15 克、桂枝尖 15 克、血竭 2 克、生半夏 9 克。

附：練功洗指方

荊芥 6 克、防風 6 克、透骨草 15 克、虎骨 3 克、獨活 6 克、桔梗 6 克、祁艾 9 克、川椒 6 克、赤芍 15 克、一枝蒿 15 克、絲瓜絡 15 克。

以上諸藥物，煎湯洗，能消毒去腫，神效至極。一劑藥可煎洗 20 天，以後再去舊藥渣，另換新藥，再煎再洗。

少林高僧了改禪師曰：

　　彈指功數十冬，苦修煉藥養成。

　　有剛勁有陰功，勝敵人當時應。

261

六十二、柔骨功

歌訣曰：

　　柔骨功法是軟功，腿腰手臂肘膝撐。

　　前後左右漸轉動，全身骨節要通靈。

練　法

1.踢腿：練功必須有好的腿腳，拳諺曰：「打拳不踢腿，終久瞎出鬼。」是說如果不經常踢腿，打出拳來也不好看，也沒有用，等於瞎練。踢腿有正踢腿、彈腿、裡合腿、擺腿、纏腿、踹腿、蹬腿等各種腿法。（圖 424）

2.朝天蹬：練習腿功展力的一種。一腿在地上站立，另一腿搬起，腳心向上，緊貼耳旁。年長者做此練習很費力，

圖 424

圖 425

圖 426

圖 427

262

也容易損傷筋骨，它是少年的最好練習。（圖 425）

　　3.**豎一字腿**：即單跌叉。一腿在前，一腿在後，前後貼地分開成一條直線，練習兩腿之筋外展功力。兩腿交替輪換練習。（圖 426）

　　4.**橫一字腿**：即雙跌叉。兩腿向左右兩側分開坐地，成一道橫線。此功更難，適合幼兒、少年、青年練習，因少年筋骨軟最宜伸展，而老年骨硬筋僵不易展開。總須要持恆練習，則可成功。（圖 427）

　　5.**霸王舉頂**：雙手上舉於頭上，練習雙臂和兩肋之筋骨舒展，盡力向上頂。雙臂和腕伸屈要用力。（圖 428）

　　6.**狸貓伸腰**：兩腿併步站好，後臀翹起，腰部下塌，雙

圖 428

圖 429

圖 430

肩向上抬起，雙臂前伸，雙掌用力繃緊。練習腰勁和雙臂的伸展力。（圖429）

圖 431

圖 432

263

7.仙人作揖：雙手向下，在做好「狸貓伸腰」的基礎上，再做這仙人作揖更有力。盡力雙手按地，練習伸展腰背筋肉和兩腿之後大筋。（圖430）

8.翻橋洞：身向後翻，雙掌或拳著地，腰彎成橋洞型。主要練習腰部柔活力、腹肌收縮伸張之力，以及兩臂和肋間的伸展力。（圖431）

9.翻一團：身向後翻，頭翻到後面，彎腰把頭伸進兩腿中間，身體彎曲，目向前看。（圖432）

10.側折腰：兩腿併步站穩，上身向側邊側折，兩臂十字交插，目向前看。（圖433）

圖 433

圖 434

圖 435

11.雙肩杠木樑：兩腿搬上雙肩上邊，扛在兩肩上，用手扳住雙腿，練習腰部。（圖 434）

12.坐盤後轉：雙腿盤成插花盤腿式，上身向後轉身。兩邊交替練習。（圖 435）

13.拗步後轉：兩腿成弓步勢，雙臂向身後扭伸。左右交替扭轉，練習腰部。（圖 436）

圖 436

14.拗步搬磚：兩腿弓步，身體向後折身，一手搬腳後根。兩臂交替互助搬腳根，練習肋部和腰部。（圖 437）

【功法略解】

1.柔骨功是少林正宗七十二藝中軟功內壯功夫，屬內壯之主功，專供練習人身腰腿的功法，也是少林眾武僧經常研練的功夫。

圖 437

2.此功在少林武術技擊中有重要作用。如技擊時身體柔軟，敵來招可以閃身躲過，有一線之空可以擊到敵人，身體靈活可以動作迅速，和敵搏鬥少受損失，更能發揮威力進擊敵方。因此，在少林寺歷代武僧中，此功夫是不可缺少的功夫。

3.練柔骨功的要點：此功練習很吃力，要漸進而不可猛進，猛進者會受損傷；必須逐步前進，持恆苦練，方可成功，不是一日之功夫。

附：練功秘方

雞血藤 20 克、紅花 10 克、絲瓜絡 20 克、乳香 10 克、力參 10 克、靈仙 16 克、牛膝 16 克、川斷 10 克、蒼朮 10 克。

共研細末，打黃米糊為丸，每次練功前服 6 克，白開水送服，有舒筋活絡強壯筋骨之用。

265

少林高僧貞方曰：

　　柔骨功法最難練，朝夕苦恆拼命幹。
　　練到全身硬如鐵，內勁練習軟如棉。

六十三、壁虎游牆術

歌訣曰：

　　劈虎游牆技藝奇，上下左右耐心習。
　　功成輕身如螻蟻，游躥樓房不費力。

練　法

1.壘一斜 45°之牆，練習者初習仰身上游，身上帶 2 斤沙袋（四肢各帶半斤），向上向下練習 2 年，身上之沙月月

增加，至上下游如平地，運用自
如時，再更換。（圖 438）

2.在斜 76°的斜牆上，向上
游行，四肢各帶沙袋一個，全身
共帶 4 斤，再練 4 年的恆功，練
至上下自如，毫不費力。（圖
439）

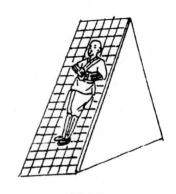

圖 438

3.在斜 80°角的斜牆上，全
身共帶沙 8 斤，向上游行，上下
游如平地，又須要 5 年的功夫。
（圖 440）

4.在 90°角的直豎牆上，全
身帶沙 16 斤，上下游行，又須
5 年的磨練。（圖 441）

5.側身上游，左右交替輪換
游行，帶沙袋共 24 斤，上下左
右前後輪換游動練習，運用自
如，又要 5 年功夫。（圖 442）

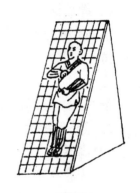

圖 439

6.在沒有橫縫只有豎縫的牆上，全身帶 26 斤沙袋，上
下游行，左右交替游行 1 年。（圖 443）

7.共有 25 年的苦功夫，全身帶沙袋 32 斤，每天早、
中、晚、子 4 次練習，每次游 100 遍，每天共游 400 遍為
度。（圖 445）

8.身帶沙袋 40 斤，向左右橫游，上下直游，或斜游上
下，練習至自由靈活，共要 30 年的持恆功夫方可成功。如
果放下沙袋，則輕如螻蟻上下左右豎橫游行，身貼於牆壁上

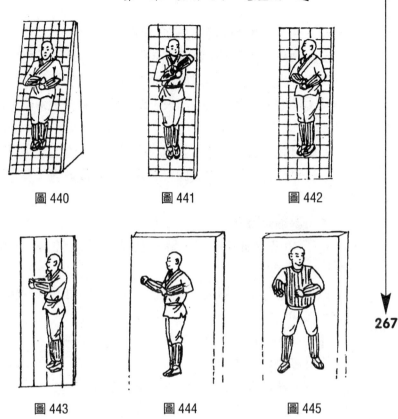

圖440　　　　　　圖441　　　　　　圖442

圖443　　　　　　圖444　　　　　　圖445

267

如膠漆沾黏不掉，可以上游數丈
高之樓房，如履平地。（圖
446）

【功法略解】

　1.劈虎游牆術功夫又名「爬
壁功」、「仙人掛畫」，是少林
正宗七十二藝中軟功內壯功法，
專練人身的牆上運動，為少林寺

圖446

武僧經常練習的傳統輕身功夫之一種。

2.此功在少林武術中有著重要作用。在應急時，可以上樓房高牆，高來高去，無阻擋之處，也可以用於偵察等。如在被圍困險地可以不費力的出來，在征戰時偷探敵營寨也很有妙用。

3.練習此功法的要點：須耐心持恆苦練，百人之中難選一二，最難練習，有心之人即可成功。萬藝成於恆，有志則成功。

附：游牆術秘方

杞子40克，通草5克，燈草10克，黃精30克，甘草5克。

以上諸藥共研成細末，煉蜜為丸，每丸重3克。每練功之前可以在口中含化一丸，然後練功。

【功效】：杞子、燈草可輕身，黃精可以斂氣。

少林高僧靜修法師曰：

游牆功法掛畫功，百人之中難挑成。

持恆修煉萬般苦，功到終期定成雄。

六十四、門襠功

歌訣曰：

門襠之功運丹田，捶打棍擊鐵錘扇。

練至襠部堅實硬，不怕拳打與腳鑽。

練 法

1.運氣注於丹田，再運氣極力上提，使氣力上下往還，日行數度。不可過急，如過急則力疲。練習即久，每練氣注

圖447　　　　　圖448　　　　　圖449

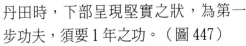

丹田時，下部呈現堅實之狀，為第一步功夫，須要1年之功。（圖447）

　　2.站馬樁步，運氣，用兩掌互換交替拍打襠部。初拍覺疼，同時運用氣力，日久則漸不覺疼痛，則第二步成功，又要2年。（圖448）

　　3.站馬步樁，運用氣力，將兩掌變拳，互換擊打襠部，由輕至重，至不覺疼痛，為第三步功夫，又須要2年功夫。（圖449）

　　4.再起身用拳疾如風暴擊之，仍然不覺疼痛，則為第四步功夫，又須用1年。（圖450）

　　5.再改用木棍擊打，每天按時擊打，每次擊打至數百次，只能多不可少，再擊之不覺疼痛，又要1年。（圖451）

269

圖450

圖451

圖 452

圖 453

6. 再用鐵棍擊打，至不覺疼痛為止，則第五步功夫成功，又要 1 年。（圖 452）

7. 再用鐵錘擊打，直至不覺疼痛時，則大功告成，又要 1 年功夫。全功須要 10 年苦功，每天早、午、晚、子時演練，每時擊打 500 次，全天擊打 1500 次，方可練成鐵襠功夫。（圖 453）

【功法略解】

1. 門襠功又名「金蟬功」、「鐵襠功」，是少林正宗七十二藝中軟功外壯功法，屬陰柔之勁路，是專供練習人身腎部的功法。

2. 腎為人身主要的排泄器官，也是少林武術中五行（註：金、木、水、火、土）之水也，有「腎功快如風」之說。少林拳譜云：「武藝相爭，先閉五行。」故進行「門襠功」功法練習，有其技擊實戰的應用價值。在少林武術技擊中，如被敵踢中，也毫無感覺，是防身護體的重要功夫。

3. 練習門襠功的要點：此功屬內功之主功，其法甚難，要將腎部練得堅實，必須持之以恆苦苦磨練，方可成功。

圖 454　　　　　　　　　　圖 455

少林貞俊大師曰：

　　鐵襠功夫最艱難，疼痛難忍熬苦寒。

　　若還練成勝似鐵，苦練深功十五年。

六十五、翻騰術

歌訣曰：

　　翻騰術法最難通，左右前後起飛騰。

　　將身躍起如飛燕，東西南北任意行。

練　法

1. 上身前傾雙手上揚，欲要前撲。（圖454）
2. 兩手向前撲地，雙腳欲離地。（圖455）
3. 上身向前頂，下身翻向前方欲落。（圖456）
4. 雙腳落地，身直站立，雙手上揚。（圖457）
5. 騰空上翻，在空中倒立。（圖458）
6. 回身下落地站立，雙手向前伸。（圖459）
7. 雙手抓住單槓，準備上槓。（圖460）

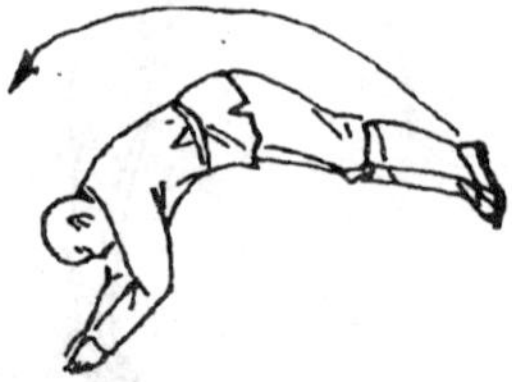

圖 456

圖 457

圖 458

圖 459

圖 460

圖 461

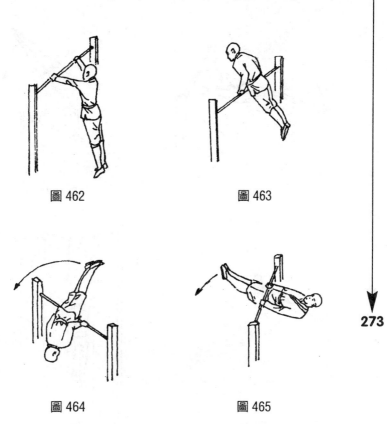

圖 462

圖 463

圖 464

圖 465

8. 縱上單槓平腹撐起，雙手支撐。（圖 461）

9. 在槓上雙手平肩撐懸其身。（圖 462）

10. 在槓上身向前傾小腹貼槓。（圖 463）

11. 在槓上身向前栽身，槓擔大腿，雙臂緊抓鐵槓，支撐全身。（圖 464）

12. 在槓上翻到槓底，仰面向上，雙臂緊抓鐵槓，支撐貼住。（圖 465）

13. 雙手抓槓，直臂將身甩平，仰面朝天。（圖 466）

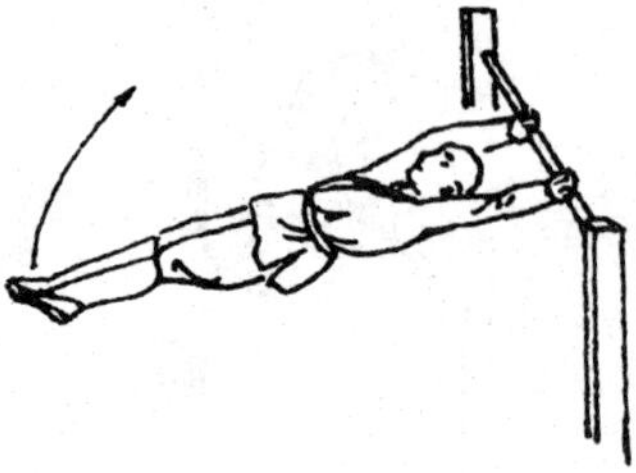

圖 466

圖 467

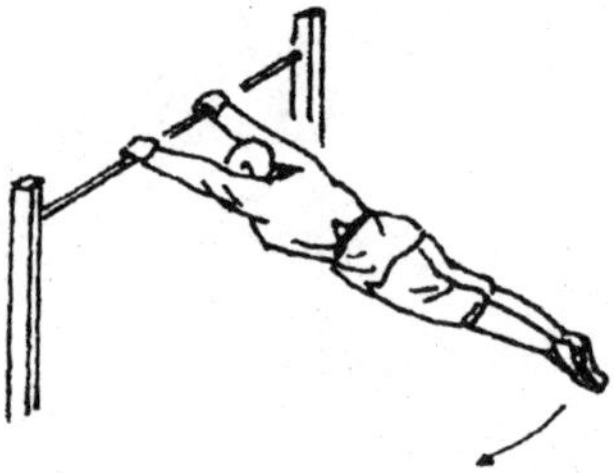

圖 468

圖 469

14. 雙手抓槓旋上成倒立，雙足向上。（圖 467）

15. 雙手抓槓下落平型，雙臂伸直，面向下，身體成筆直。（圖 468）

16. 栽兩根木柱高丈餘，再上綁橫木一根，上釘鐵環 6 至 10 個，每個環上繫皮條繩一根，練功者雙手抓皮繩，在上面橫過。（圖 469）

17. 在皮繩架上橫過，一個一個地抓繩，徐徐橫過。

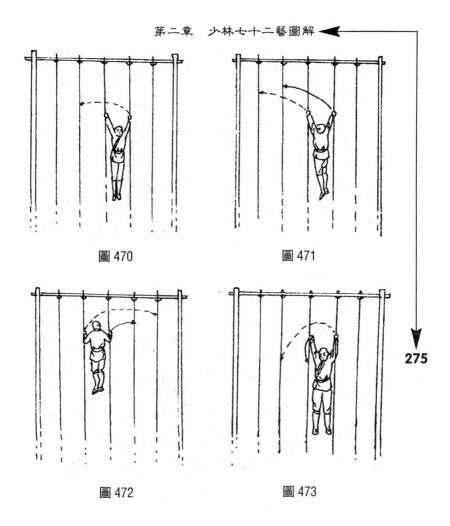

圖 470

圖 471

圖 472

圖 473

（圖 470）

　　18.回身急速橫過，慢慢回來。（圖 471）

　　19.飛身越過，由第二、三根繩飛到第四、五根繩，急速飛過。（圖 472）

　　20.飛身越過，由第四、五根繩上飛至第二、三根繩上，飛躍而過。（圖 473）

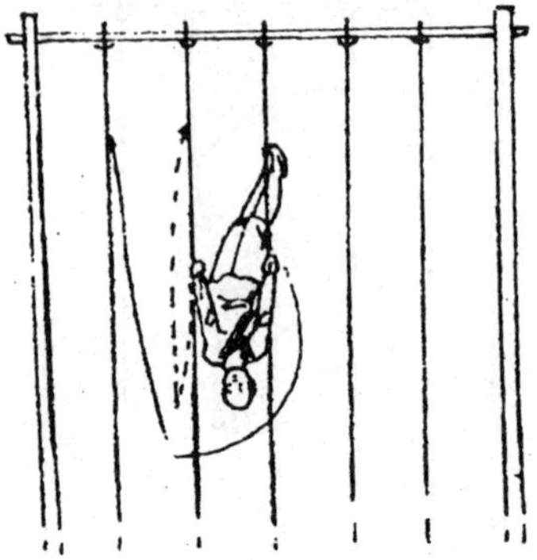

圖 474

圖 475

276

圖 476

21. 在皮條繩上轉身翻過，由第三、四根繩身倒翻至第四、五根繩上。（圖 474）

22. 轉身下落又上，由第四、五根繩上落至第五、六根繩止，又向上躍縱上去。（圖 475）

23. 由第五、六根繩翻到第二、三根繩，頭向下栽，腳向上。（圖 476）

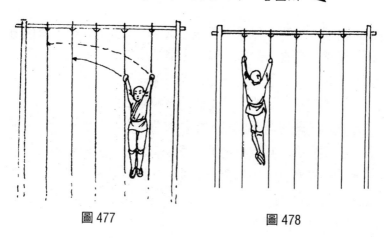

圖 477　　　　　　　圖 478

24. 在原來繩上再翻身而下落。（圖 477）

25. 由第二、三根繩，轉身橫躍到第五、六根繩上抓住懸起。（圖 478）

以上之翻躍功法須下 10 年苦功，不是一日兩日可練成的，必須持恆苦練方可成功。起初練習時用皮繩，以後用細皮條，再練幾年後可漸漸減細，直至 10 年以上，至 12 年時慢慢變成細絲條，再細成絲線時即純功已登峰造極。

【功法略解】

1. 此功又名「皮條功」，為少林正宗七十二藝中軟功內壯功法。專供練習人體升降翻騰，為少林武僧經常演練的傳統輕身術之一。

2. 此功在少林武術技擊中也有著重大作用。如與敵搏鬥，可跳躍自如，閃戰迅速，進功敏捷，行南就北，走東晃西，來來往往，去去回回，使敵人摸不清頭腦，一戰即可勝利。再如遇到障礙物也可騰身翻過。歷代皆有練此功法者，如宋代智瑞，元代覺遠、秋月，明代了真、了義、了改、了

著、悟淨、悟華、日淨、普淨、洪榮、玄敬、玄興，清代清蓮、清雲、清真、清玉、清白、清飛、靜樂、靜雲、真靈、真寶、如淨等高僧，對此功夫都有深厚的造詣。

3.練習翻騰術的要點：此功為輕身功夫的一種，遇懸崖陡壁之地，無可著手則已，如稍有著手之時，即可以攀藤抓葛，任意升降，雖軟枝嫩葉也可以借勁而上。練習時不可急進，要循序漸進；不求突飛猛進，要持恆耐心；不可粗心大意，免傷其體。

少林高僧如淨法師曰：

　　翻騰之法也艱難，一晃光陰幾十年。
　　嵩山學會翻騰術，遊走八方不費難。
　　懲惡制反很隨意，好似觀賞進花園。

少林高僧貞秋大師曰：

　　翻騰跳躍樂無邊，少林練功數十年。
　　一晃光陰六十載，黃梅懲惡應實戰。
　　飛身上樹輕如狸，群賊一見驚破膽。
　　嚇走群寇救難女，又為少林增光艷。

少林還俗僧素法曰：

　　少室練藝學翻騰，淨秋二師培育功。
　　翻騰功夫學在手，用技懲制日本兵。
　　痛擊英國洋賊雙，也為少室豎雄風。
　　此種功法難演練，習成也得十五冬。

六十六、布袋功

歌訣曰：

　　陽剛之氣陰柔能，軟硬兼施布袋功。

吞吐運氣柔磨練，善避刀
槍拳腳沖。

練　法

1.靜坐鼓氣，用手摩腹，左右
兩手各順摩 36 次。先左後右按血
氣二分柔之。（圖 479）

圖 479

2.然後再吐氣，歸原狀，用左
右兩手再逆摩 36 次。每天早、
午、晚、子 4 次行之，練習 3 年，
即腹軟如棉，一鼓氣則腹剛如鐵。
先左後右按規矩柔遍。（圖 480）

圖 480

279

3.用肚腹吸住架子上綁的木
棒，向後拉出，而吸住不脫，又需
要 3 年苦功。（圖 481）

4.用腹吸住木棒一端，一人雙手抱住木棒向外拔而未
動，又須要 6 年功夫。（圖 482）

圖 481

圖 482

圖 483　　　　　　　圖 484

280

5. 用腹吸住木棒，用力鼓氣，即把木棒筆直射出。（圖 483）

6. 對手用猛力出拳向我打擊，而不覺疼痛。（圖 484）

7. 吸住對手擊來的雙拳，使對手用力拔而拔不出來。（圖 485）

8. 對手來槍刺我而不損害我身，全功需要 15 個春秋。（圖 486）

圖 485

9. 在碗口粗的樹上，綁著鋒利的快刀，用肚腹抵刀尖向前用功，樹即搖晃歪斜，腹部仍然不受傷損。（圖 487）

【功法略解】

1. 布袋功為少林

圖 486

正宗七十二藝中軟功內壯功法，屬陰柔之勁路，兼陽剛之氣力，專供練習人身腹部的功夫，是少林武僧經常研練的重要功法。

圖487

2.少林布袋功在少林武術中講究吐納，使氣自沉丹田，充實腹部之內氣，日久功成後則腹部自然柔軟如棉，堅硬似鐵，不怕重物打擊，敵來拳腳踢，毫不疼痛。練至精妙時刀槍不能傷其腹。是少林寺眾僧練武防身，看家護院的好功夫。

3.布袋功夫的練習要點：其功夫並非使用「布袋」而練功。因練習時腹軟如棉，好似彌勒佛祖之布袋，包含混元之氣而禦一切賊害。此布袋功法陰陽互用、剛柔相濟，要練成此功非10年至15年不可成功。

附：練功秘方

何首烏30克、枸杞子30克、黨參30克、遠志肉30克、人中白10克、甘草30克、熟地30克、鹿茸15克、酸棗仁10克、柏子仁15克、杜仲10克、雲芩15克。

以上諸藥共研細末，煉蜜為丸，每丸2克。每天早晚練功前服一丸，白開水服下。

【功效】：加速功夫進展，聚精神，調合氣血，延年益壽。

少林高僧寂敬法師曰：

苦練先師布袋功，一晃光陰數十冬。

正宗功法學在身，百歲開外勝如童。

圖 488　　　　　　　　　圖 489

282

（此少林寂敬法師，是清代湛可法師之徒弟，對此功法深有造詣，壽高 104 歲，還練動 32 斤重的鐵掃帚，呼呼聲響，氣不噓喘，說明他功夫純厚。）

六十七、蛤蟆功

歌訣曰：

蛤蟆功，下苦功，舉石墩，雙百零。

指頭插，皮拳沖，摩柔腹，用軟功。

木鐵錘，照勁擺，棍子打，砍不疼。

練　法

1. 舉石墩每個 10 斤，兩個石墩 20 斤重。專練習腕臂之力，經常練之，力量漸強而肌肉逐漸堅實。（圖 488）

2. 漸漸練習，日增氣力，月增重量，至雙手各舉 100 斤石墩，能運用自如，其臂腕之力即成。（圖 489）

3. 棄去石墩以赤手空拳行之，提舉如舉墩相似，力聚兩

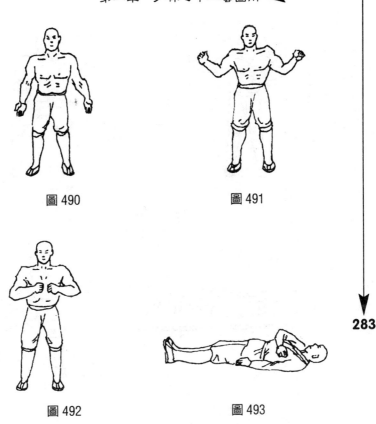

圖 490

圖 491

圖 492

圖 493

283

臂，一抓一放，肌肉成塊。（圖 490）

　　4.力氣聚於胸背和兩臂之上，肌肉棱起突凸成小股狀，則堅硬如石。（圖 491）

　　5.運氣於腹，用指掌點插，拳頭擊打，互相交替擊腹。（圖 492）

　　6.睡臥時用雙手交替摩擦肚腹，柔軟如棉，運氣時則堅硬如鋼。（圖 493）

　　7.用木槌交替捶打肚腹和脊背。（圖 494）

圖 494

圖 495

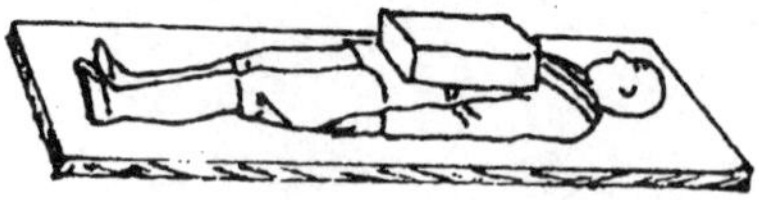

284

圖 496

圖 497

8. 用鐵錘擊打脊背和肚腹。（圖 495）

9. 臥木板上壓石塊在身上。（圖 496）

10. 久站馬步椿功，練習兩腿和胯股堅實的功夫。（圖 497）

11. 用木棍砸身而折，而身上毫無知覺，根本不疼。（圖 498）

12. 刀砍而不入，須持恆苦練 20 餘年，仍要繼續奮鬥。（圖 499）

圖 498　　　　　　　　　圖 499

附：內壯大力丸秘方

當歸 120 克（酒洗）、川牛膝 120 克（酒洗）、魚膠 120 克、虎骨 120 克（穌炙煎頸）、枸杞 120 克、斷續 120 克、補骨脂 120 克（鹽水炒）、菟絲子 120 克、炒蒺藜 30 克、蟹黃 240 克（炒）、力參 20 克。

以上諸藥，共為研末，煉蜜為丸，每次服 9 克。練功以前，用黃酒服下，少喝點開水。

【功效】：強筋壯骨，增力補氣、調合氣血，舒通經絡。

285

【功法略解】

1. 蛤蟆功又名「癩團勁」，俗稱「舉墩子」，是少林正宗七十二藝中硬功外壯功法，屬陽剛之勁路。它是專練習人身各處肌肉硬度的功法，為少林寺武僧經常研習的重要功夫。

2. 在少林武術中，講究「內練一口氣，外練筋骨皮」，「內外兼修，形神具備」是少林拳法的重要特點。「氣」，即指呼吸之氣，更指運行全身之精氣。氣足則血旺，氣血兩

旺勁力才強。「氣」和「勁」是互相聯繫的，氣是勁的動力，勁是氣的表現形式。對此少林高僧覺遠法師曾經有精闢的論術：「力以柔而剛，氣以運而實，力從氣出，氣隱力顯，無氣則力自何來？俗家之力，其來也猛，而其著實也，多浮而鮮沉。名手之力，其來也若在有意無意之間，而其抵實沾實而後全力一吐，沉重若山，可以氣透腹理。此其故，由於俗家之力剛，名手之力柔，剛則虛浮，柔則沉實，習之既久，自能知曉。蓋一掌或一拳之打出，手之著力，則氣有三停：一停於肩穴，二停於拐肘，三停於掌根。如是而求力貫透指顛或掌心難矣。至於柔運之力，則與此不同，一舉手則全身之力奔赴於氣之所運。所謂意到氣隨，速於聲響，精確之功，學者可以悟矣。」少林寺僧人很早就把氣與力結合得很好，從少林寺傳出的內功圖中，其中有十二段錦、易筋經十二圖都與氣功有關。寺僧很早就注意武術與氣功相結合。因此，經過蛤蟆功的練習，能使練功者腹中丹田之氣充實起來，內在的氣流運行於四肢和百骸，即能重擊敵人，也可抵禦他人之重擊。從而在技擊實戰中發揮更好的威力和技術，克服怕挨打的消極態度，使他與人搏鬥能敢衝敢打，毫不容情的擊敗對手奪取勝利。

　　3.練習蛤蟆功的要點：此功習肌肉的堅實，用以禦敵之法，天津一帶習此功者最多，多以練力為主。如舉 60 斤、80 斤、100 斤、120 斤、140 斤、180 斤、200 斤，都是拙力笨練，並無內壯可言。此功「內練蛤蟆氣，外練筋骨皮」。雖是內功外壯，也兼軟功內壯。即可祛病延年，又可強身禦敵。

　　少林高僧淳化大師曰：

圖 500

圖 501

先師善練蛤蟆功，壽高一百零四冬。

延年益壽身強健，內功深厚力無窮。

六十八、千層紙功

歌訣曰：

千層紙功須苦恆，子午晨昏不消停。

每次沖打三千掌，九年功夫即上乘。

練　法

1.將千張紙釘一起，用繩吊在牆壁上，有一尺見方，長寬相等。用弓步沖拳勢，擊打紙層，每天早、午、晚、子 4 次擊打，每次沖擊 500 拳至 3000 拳，步要站穩，拳要握緊，腕要繃直，力從腰發，沿肩擊出，由輕至重。（圖 500）

2.身站馬步，左右拳輪流擊打，由輕至重。苦下 9 年功夫，即可拳擊人倒。如衝入群敵之中，則一哄而散，四處奔逃。（圖 501）

287

【功法略解】

1. 千層紙功夫是少林正宗七十二藝中硬功外壯攻法，屬陽剛之勁路，專供練習拳、腕、臂的沖擊功夫，也是少林寺歷代武僧經常研練的功法。它與打沙袋相似，但千層紙少有陰柔之力氣。

2. 千層紙的功夫在少林武術技擊中，起著很重要的作用。如與人搏鬥，捶擊過去必使敵人受傷。重者傷筋斷骨，甚至有死亡的危險；輕者也當場跌倒，受擊處紅腫疼痛。敵來手擊我則揮捶撥之，敵則疼痛敗陣。如明代少林寺憨和尚，腦子很笨，學不會別的功夫，師父玄悲叫他整天用拳頭搗木墩上釘的一千張草紙，他吃過飯就去搗紙，一練就是15年。有一天晚上他出去到院牆根閑溜，聽牆外有吃吃的響聲，他聽準以後用拳頭向牆上一搗，嘩的一聲，搗出一個大洞，只見外邊一個人被牆上的磚塊衝倒了，爬起來沒命的跑。原來小偷正在牆根外邊挖牆，想來偷東西，正巧牆快透了，又被和尚打去，正碰小偷的臉上，說明憨和尚的功力很雄厚了。

有些人本領有了成就以後，就說自己的本領大，師父比他差得多，這很不對。你不會練功的時候，不是師父從小給你練基本功夫，幫你搞出名堂來的？「喝水不忘打井人」，「師雖藝淺莫輕看，輕視則為無義人」。練武無有德行，不尊重前人終無棟樑之用。

3. 練少林千層紙功夫的要點：此功夫在七十二藝中很簡便易行，堅持耐久是根本的原則。只要漸漸進步，定會成功的。心無雜念，精神集中，忠實憨厚，艱苦奮鬥，無有不成。

附：練拳秘方

川烏 6 克、草烏 6 克、乳香 6 克、沒藥 6 克、靈仙 6 克、木瓜 6 克、紅花 6 克、當歸 6 克、虎骨 6 克、秦艽 6 克、大曲 6 克、赤芍 6 克、牛膝 6 克、申薑 6 克（又名骨碎補）、延胡索 6 克、紫石英 6 克、地荔子 3 克、落得打 3 克、絲瓜絡 6 克。

以上諸藥粉，煎水洗手，每次打完後洗手部。

【功效】：消腫去毒，舒經絡，活氣血，強筋骨，促進功夫進展。

少林高僧湛恆法師曰：

皮掌搗紙震千震，不知不覺功練成。

打法簡便藝好練，學到手中貴寶成。

六十九、彈子拳

289

歌訣曰：

彈子掌功力無邊，木石鐵板敲擊歡。

每天彈擊無其數，成功須要二十年。

練 法

1. 手成虎爪掌，用指節點擊木板。（圖 502）

2. 再用鶴頂指擊木板至出現凹陷為度。（圖 503）

3. 再用指點擊青石塊。（圖 504）

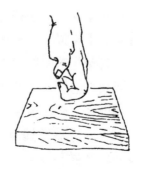

圖 502

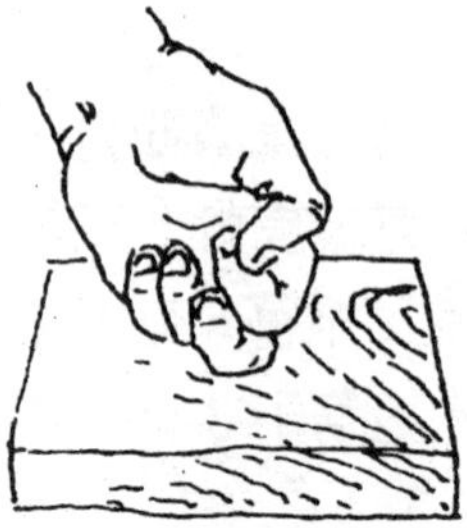

圖 503

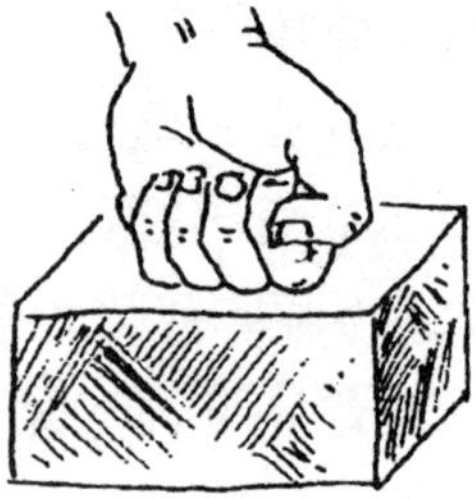

圖 504

圖 505

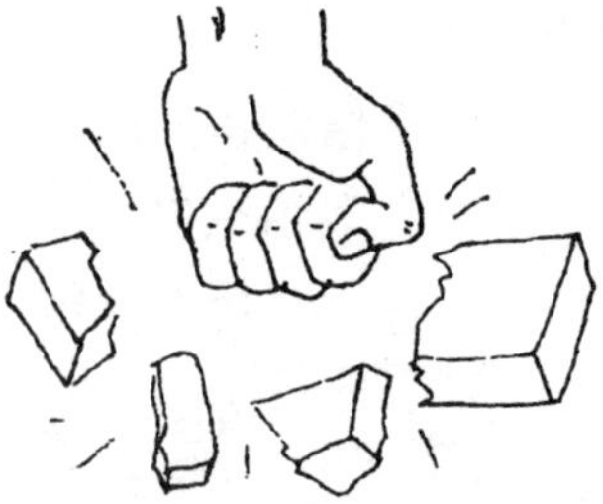

圖 506

4. 再用指擊點一指厚的鐵板，出現凹陷為度，上下須要30年功夫。（圖505）

5. 用指擊點石塊四分五裂。（圖506）

【要領】：以手握平拳，突出第二指關節，初時宜在平整木板上輕擊，擊時屈肘送拳，略帶蓄勁。練時由輕漸漸加重，切忌貪功心切。每次練習前後要用藥水洗手。初步能擊堅木出現凹陷，然後再擊石塊，依法習之，久後換使鋼板練之。但是，前後要有10年至20年功夫，才可以成功。

【功法略解】

1. 彈子拳是少林正宗七十二藝中硬功外壯功法，屬陽剛

之勁路，專供練習人身拳部的功法，也是少林寺武僧經常研練的功夫。

2.彈子拳在少林武術技擊中有著重要作用。它又叫「虎爪掌」、「雞心拳」、「鶴頂指」，專打骨縫與骨節銜接處，使關節歪斜錯位，失去效用。所以，此功夫為少林卸骨技擊基本功夫之一。遠在唐、宋、明時代，少林寺院練成此功的武僧有曇宗、福廣、月空、月領、廣順、道時等。

3.練習此功的要點：此功夫專練拳面第二骨節之擊法，亦為殺手之一。專打骨縫，為卸骨法中虎爪拳。只要苦恆練習，自然成功。

附：洗手秘方

黑知母 6 克、元參 3 克、白朮 6 克、蜈蚣 2 條、紅娘子 15 克、白信 1 克、班毛蟲 9 克、側柏葉 30 克、黃柏 3 克、白蘚皮 6 克、鐵砂 12 克、陽起石 3 克、北細辛 6 克、硇砂 15 克、乾薑 30 克、防風 6 克、荊芥 6 克、指天椒 120 克、小牙皂 6 克、打屁蟲 6 克、石灰 90 克、華水蟲 24 克、紅花 3 克、白蒺藜 6 克、大歸尾 6 克、金銀花 6 克、小川連 3 克。

以上諸藥，加石灰、鐵砂（須入在鍋內炒紅後加入），用清水 10 斤煎濃待用。練前將手放入溫湯內良久，取出甩乾再練，練後兩手互相摩擦，再放入溫湯內良久後取出，每二日換藥一次。

少林高僧寂敬曰：

> 彈子掌功前非凡，專點骨縫賽鋼鑽。
>
> 重擊敵人骨節碎，當場跌倒面朝天。

圖 507　　　　　　　圖 508　　　　　　　圖 509

七十、鎖指功

歌訣曰：

　　鎖指功法是慢功，心急哪能速練成。

　　捏過空指捏木板，再提鐵板透成洞。

　　朝夕拼命苦奮勇，真功須要十二冬。

292

練　法

　1.拇、中、食三指對捏，每天用足氣力捏 200 次，1 年以後可換木板。（圖 507）

　2.用拇、中、食三指捏 1 寸厚的木板，至 3 年，即著指捏之成洞。（圖 508）

　3.用拇、中、食三指捏一小指厚的鋼板，至著指捏成凹陷，須要 12 年。（圖 509）

　【功法略解】

　1.鎖指功是少林正宗七十二藝中軟功內壯法，屬陰柔之勁，兼陽剛之力，專供練習人身指部，是少林寺武僧經常練習的重要功夫之一。

　2.此功在少林武術技擊中有重要作用。如功成後與敵搏

門，觸之敵即負傷疼痛，捏敵脈門即閉住血脈。在少林寺練此功夫者，歷代皆有佼佼者，如宋代福湖、靈邱，元代惠矩、智安、智聚，明代覺訓、圓勝、周福、普便、同隨，清代清倫、真珠、海參、湛舉等對此功法都有深的造詣。此功與鷹爪功，點石功等大同小異，亦是殺手。其不同之處是，鷹爪功練指上之抓勁，點石功練指上之刺勁，鎖指功則練指上之扣勁。自始至終要練 8～9 年，最多用 12 年。

3.練習鎖指功的要點：要持之以恆，艱苦磨練，經十數年純功，磨練指勁，定可稱雄。

附：練指藥方

地骨皮 30 克、青鹽 100 克、乳香 30 克、黃芪30 克、甘草 30 克、紅花 10 克、絲瓜絡 30 克、雞血藤 20 克、川烏 20 克、草烏 20 克、枝子 15 克。

以上諸藥煎水洗手指，每次練功後即洗手指一次，每一劑藥要用 15 天，再另換新藥。

少林寺高僧貞緒大師曰：

　　　鎖指功法是苦功，白黑操練不消停。

　　　練成搭指洞穿板，伸手扣觸敵難擎。

七十一、追風掌功

歌訣曰：

　　　苦練八步掌追風，光陰一晃三十冬。

　　　每天常推一萬掌，藝到終久功自成。

練　法

此追風掌是少林正宗七十二藝中的軟功內壯法，屬陰柔

之勁，兼陽剛之力，專供練習人身兩掌和臂的推力，也是少林寺眾僧練習武功時不可缺少的一種功法。

每天早晨無論在屋內還是在庭院、樹林、野外等地，都須面東站立，兩腿蹲成馬步樁，用兩掌輪流交替向前平推，成正立掌推擊。中午面南，晚間面西，子夜面北，採日光天罡太和之原氣。

圖 510

初推每次兩掌共推 1000 掌，則全身是汗，心中空虛，口中乾渴，但要慢慢堅持，只許增多，不許減少，日日增力，月月增多數量，直至 6 年，則可每次推萬掌而不覺費力。慢慢可以用大燭點燃，每次推之滅燭火，由 1 尺慢慢增至 10 尺、20 尺仍然可以推滅。如果繼續練習日久，每日 4 次共推 4 萬掌，30 尺遠應手而燭滅，則功力初步成就。再繼續奮鬥，推擊物件，可用棉花球放在 2 尺遠的方桌上，天天推之，如推之掉下桌子，再月月加重、移遠，至 10 尺遠推動 20 斤一塊棉花包，功夫更為顯著，即可在 3 步以外推倒一人。漸漸至 30 年的功夫，即可 8 步以內推倒人。（圖 510）

此為「七步生死掌」，也叫「八步追風掌」，不過時間難以堅持，練者百不選一。如唐代的空空和尚，能在 2 丈遠推斷一枯樹杈子（有對把粗細），震驚了大同府的府官，免收了當地貧苦百姓的糧食，救了黎民百姓。再如宋代的福湖，外人打來彈子還沒沾他身，他用功把彈子推出 3 丈外反擊回去，引的打彈弓的智端給他磕頭，最後拜他為師。元代智安，明代了真、圓成、圓空，清代清倫、海參等高僧，都

善練此功法，都有較深的造詣。

　　練習此功的要點：堅持耐心，不可急進，循序漸進，無有不成之理。「鋼樑磨鏽針，功到自然成」，此法練習簡便，到處都可以練習，成功的因素完全靠個人的努力。

　　附：練掌功內壯秘方　　　　　　　　　　黃

　　黨參 30 克、力參 30 克、熟地 50 克、黃　30 克、遠志20 克，羌活 15 克、虎骨 10 克，補脂骨 30 克，枸杞子 30克、何首烏 30 克、阿膠 20 克、菟絲子 30 克、川斷 15 克、川牛膝 30 克、木瓜 30 克、蟹黃 300 克（炒）。

　　以上諸藥物，共研成細末，煉蜜為丸。練功之前每服 9克，用黃酒送下，再喝開水 5 大口以助藥力。

　　【功效】：強筋壯骨，增力補氣，舒通血液，增長功夫的進展和力度。

　　少林高僧湛可法師曰：

　　　　追風掌法是奇功，七步開外顯其能。

　　　　單臂用力掌一抖，敵人跌倒地流平。

七十二、軟玄功

歌訣曰：

　　　　軟玄功法最難通，百人難挑一人成。

　　　　若還功成得玄妙，還靠持心與專恆。

練　法

　　1.以馬步招掌。在練好追風掌的基礎上，每天晨、午、晚、子 4 次向空招之，手腕帶有柔合力，掌心和兩臂帶有吸拉力，內氣沉於丹田，兩掌反覆向後吸拉，向前上招手，每

圖 511

圖 512

天連續練習數百次，時間一久即有氣吸力。（圖511）

2.馬步站椿五合按擊雙掌。在招手拉吸的動作完成後，可以再向前抓按，也是手腕柔和，兩掌帶有前招下按之力，兩臂和全身之勁力完全用上，發於丹田行於兩肋，運在兩臂，合在兩腕，按在兩掌，五行合力向前下按。（圖512）

【功法略解】

1.軟玄功是少林正宗七十二藝中的軟功內壯法，屬陰柔之勁路，專供練習兩掌和兩臂的柔化，是少林寺歷代高僧練習難度最大的功法。

2.練習少林軟玄功，以培養元氣、精氣，即節制一切的傷腎（性生活）的行動為前提，這是對於俗家練功者所講的。寺僧們都是清淨的，元氣精氣都是充沛的，所以練成功的很多。如北齊至北周時的志剛和尚，隋唐的子升和尚，唐代的空空和尚，宋代的伏虎和尚，元代的覺遠和尚，明代的鐵印和尚和寶慶和尚，清代的清蓮、清雲、靜修等高僧，對此功法都有很深的造詣。

唐代空空禪師遊廣西桂林府，看山水遊四方，夜黑遇一

淫賊躥到民間做壞事，眼看民女要受淫賊欺辱，老禪師趕在窗外，用軟玄功夫把淫賊吸到窗臺根前，制住了賊人，最後此賊殘廢，老和尚把賊送到城門外示眾。後來這賊人整天躺在地上討飯吃，是做壞事的報應。也看出少林寺很早就有驚人之功夫。此功威力很大，在幾步遠外，可以制服敵人，可以叫敵人來去如手中之物。

　　3.練習少林軟玄功的要點：招手有力，手腕要柔和，前按要用力，兩腿也要有耐力。數十年純功，自然成材。

　　附：練功秘方

　　黨參 克、力參 30 克、人參 30 克、熟地 80 克、生地 50 克、黃　30 克、遠志 20 克、羌活 15 克、豹骨 10 克、補骨脂 30 克、枸杞子 30 克、何首烏 30 克、阿膠 20 克、菟絲子 30 克、川斷 15 克，川牛膝 20 克、木瓜 30 克、蟹黃 300 克（炒）、鹿茸 18 克，絲瓜絡 20 克，雞血藤 20 克。以上諸藥共研成細末，煉蜜為丸，每次練功之前服 9 克，用黃酒送服後，再喝白開水 5～7 口，以助練功進展。

　　【功效】：壯筋骨，舒氣血，活經絡，堅五臟六腑和皮肉肌膚，加速功法的進展。

　　少林高僧福居禪師曰：

　　　　軟玄功法甚稀奇，拉來拉去按在地，

　　　　擒縱敵手如取物，功法練成有玄機。

　　少林武術大師「雙掌震東海」楊秀山曰：

　　　　少林七十二藝法，嵩山少室來傳下。

　　　　弟子學會驚人藝，可會高士和名家。

少林正宗七十二藝

298

第三章

少林七十二藝功理及實戰三絕

>>>

第一節　少林七十二藝功理

一、少林七十二藝與拳械的關係

　　練習少林武術，除拳術和兵器以外，更需要練習軟功和硬功。蓋拳術兵器為應用的動作，而軟硬功夫為拳術兵器的根本，因此，技擊大家除精拳械外，更擅長功夫。

　　功夫可分為4種，有軟功、硬功、內功、外功。

　　軟功多為陰手，硬功多為殺手；內功多主練氣，外功多主練力。軟功練習較困難，練成功後在表面上視之初不見其異，擅此軟功者若以拳械擊之，中若敗絮，不能損其毫毛。陰柔之勁路殊足驚人，以柔勝剛，因此，稱為柔勁陰功。硬功練習較容易，練成後以槍刀擊之，但需以蓄力運氣，則鮮

有不反撲而出者；或用數百斤巨石橫擔身上，下臥釘板，令人用鐵捶擊之，石碎而人無損，此為硬功之驚人處。蓋硬功為陽剛之勁路，因此，稱剛勁陽功。技擊家們練習者很多，功夫深淺各有不同。

軟硬內外功夫的種類很多，不止七十二藝，況且一種功夫也有包括兩三種的。如硃砂掌、軟玄功等法，則為軟功夫；金鐘罩、鐵布衫等法，則為硬功；蛤蟆功、布袋功等法為內功；鐵牛功、千斤閘等法則為外功。功夫練成後，則身體強健，刀槍不易傷其身；百病不生，風雪寒暑不能侵犯；更有靈巧活潑的拳腳和兵器，運用自如，無往而不勝。由此看來，功夫與拳術兵器，互相結合而不可分離，合則各盡其玄妙，離則各失其功效，故此技擊家言：「打拳不練功，到老一場空。練功不打拳，招法無人傳。」

300

少林高僧寂敬法師曰：

> 練拳如若不練功，到老終久一場空。
> 練功如若不練拳，人老終久沒招傳。
> 苦練死功終無用，花拳繡腿也不行。
> 功法拳械同時進，拳功相合定成名。

二、少林七十二藝與氣血的關係

正宗七十二藝中，陰陽軟硬四項功夫以氣血為主，蓋氣為衛，血則為營；衛為輕，營則為重。因氣無形則輕，血有形則重。人身皆有營衛，故曰營非衛而不運行，衛非營而不和合。然氣為君，血為臣，血有不足可以暫生，而氣不生，立即可以喪命，人身生死者則依此氣也。氣出中焦，總統於肺部，外護於表面，內行於裡，出入升降，全體周章，須臾

不息，晝夜恆常，所以鼓血進行者，即此氣也。

血為水谷之精華，化自脾胃，總統於心，受令於肝，施泄於腎，宣布於肺，循脈環行，網分赤白，灌輸周身。目得之能視，耳得之能聽，手得之能抓，足得之能行，所以集氣之發，從而實行滋養者，即此血也。

總起來講血、氣能相輔而行，不可傷損，是以營衛運和，臟腑得所出入，升降濡潤，宜通飲食，滋陽生陰，六經恃此長養，百脈由此充盈，即真人之修養，靡不由此也。如果七情交至，五志妄興，氣弱血虧，失常乖淚，清者變為濁，行者阻而不通，表失衛輸而不和，裡失營運而不順，血液妄行，諸病叢生，則死亡之險也。血盛則容壯，氣弱則形衰，氣血既難合而易虧，可不謹養乎。

其養氣血之道，則為習拳和練功也，練功則練氣、運血也，使血液運送於全身之間，漸可充實而健強，可衛瘟疫、禦暑寒、凌波浪，須不顧艱苦。可練之氣隨意而注，從腋肋達至欲用之處，更可延常呼吸量，增加飲食，體智德日日增進矣。練功者，體強而志堅也。則天下之事，不足為也。

簡而言之，人之強弱，也是氣血之強弱；人之生死，也是氣血之生死；人之鍛鍊，也是氣血之鍛鍊，則一靜一動，皆關係到氣血之動靜。

少林高僧恆林大師曰：

　　氣也動，血也行。氣血運，全身通。

　　練功氣血互協調，氣血旺盛藝自高。

三、少林七十二藝與臟腑的關係

少林正宗七十二藝在練習時，要以虛心靜氣、凝精固

神、排除一切雜念為主要因素，方能使外邪不侵，內邪遠避，始克有成。於是治臟之法即運和內臟，使病者免去痛，無病者固神，澄心養氣，專意一志，然後練功，可收其效。

治臟之法，每日子後午前，靜坐叩齒咽津，可去臟腑之病，並念六字口訣，即噓、呵、呼、呬、吹、嘻是也。其訣曰：「肝部用噓時目睜睛，肺部宣呬時手雙擎，心部呵頂上連雙手，腎部吹抱取膝頭平，脾部病呼時須撮口，三焦部有熱臥嘻寧。」

由此可知，練功與治臟之關係。臟腑為氣血之府，若不健全，練功哪能收效。因此每天練功之前，先練此功，以祛內邪，進而逐外邪。使神定而氣充沛，則收效迅速奇妙。

少林寂亭法師曰：

氣血之府是臟腑，臟腑健壯血氣盛。

氣血充沛力氣大，定可練成高功夫。

四、少林七十二藝與年齡的關係

正宗七十二藝功夫人人可練，凡有氣則有力，有力則可練功，不過要看年齡。幼童天真未絕，除食宿外，心中無啥顧忌和雜念。純陽之體，疾病也少，心專志一，氣足神沛，習學諸藝，比老者快速。如成人後，內存六慾，外感七情，臟腑諸官因發生變化而內外邪相逼，練功非易。如能消除雜念，排除邪虛，忘掉情慾，澄心靜氣，寧神斂力，也可成功。因此，在技擊界，子女在很小時則運其手足，摩擦其肌膚，5～6歲時便嚴加管理習學各種小兵器，繼續接練各種功夫，因此，叫「童子功」。

老人全身臟腑衰老，要保持精神集中，消除七情六慾，

心無所思，饑餐渴飲，冬注意防冷，暑防止受熱，經常做輕鬆運動，不可劇烈運動，則可益壽延年。

少林高僧寂敬法師曰：

練功年少最相當，成年心靜也居上。

老年四時謹注意，定可延年益壽長。

五、少林七十二藝之難易

正宗七十二藝練成較難，必須持恆漸進，幾十年如一日地刻苦堅持，是常人所經受不了的折磨。

有些年輕人經三月半載不見效，則半路停車；有些即將功成，因好勝心強，持技逞強，過於用力制傷身體，或因各種原因，即中止不前。

有些有決心的也能刻苦練習，終有所成，不過無有品德，也難得良師指教，終無成材之理。有些有德行、又仁義，又嚴尊師訓，又謙虛溫和，受諸師喜愛，但對於拳械功法，軟弱無力，身體虛弱，經不起疲勞的拼搏，也不能成材，所以練成功者難，成材者也難。

但是，練功夫也很簡單容易，如外硬功類的點石功、雙鎖功、踢木樁等功法，內軟功類的追風掌、軟玄功、玄空拳等功法，都是不用大的器材，隨時隨地都可練習。

如少林寺明代高僧圓成和尚，一有空就向前推空掌，朝夕練之，無論雲遊或在寺內走坐站都隨時隨地練習不止，每天都保持萬掌以上。40 年後，一天雲遊至貴州半山偶遇虎撲來，他一抖掌推去，虎即被擲出數丈摔殘。

如少林清末淳密高僧之弟子馬希貢，終日點石功不休，走坐點地、點牆、點木、點物、點樹，無有遇著不點之理。

303

有一日去賣馬回歸，經山路上有眾匪劫攔銀財，他伸手抓起了路邊青石，用手指點石，當即碎粉，下落於地，眾匪見之逃無蹤跡。如此也很簡便，可練成功，所以，也可說是既費力艱難，又輕而易舉，不過能堅持者為貴。

少林高僧寂聚曰：

練功難，實在難。黑白苦，不休閑。

切勿急，漸從緩。簡單練，易名顯。

第二節　少林實戰三絕

一、擒拿法

練習少林擒拿法乃屬抓拿敵人之妙術，短兵相接，對面相戰，拿之即準，擒之必勝。

擒拿之法為技擊之冠。其法中，首以眼觀敵勢為先，何拿何擒絕非固勢死法，而是隨機應變，靈敏機動，多以正擊取衝陽拿之上，下踢彈蹬飛陰取之下；剪法、閃法、跌法猛進大殺回馬槍，肘法、扭法、虛勢誘敵猛衝，借敵力壯己力，無不勝也。

擒拿之法，以腦為帥，以目為探，隨指之變。腦與目合，明識標，攻其路；腦與心合，生妙計，現其策；力與氣合，發其頸，呼其勢，出其速，收其疾，力之大，聲如炸雷，劈如鋼刀，擒拿之易，馬到成功矣。

擒拿之法，一能制敵失戰力，二能制敵昏倒，三能制敵殘廢，四能制敵當場死亡。少室古今，高僧武教，無不謹慎下傳也。若得德高賢徒者方可傳一、二，絕不傳給暴客和武

德不賢之徒。暴者以寺規所懲，甚者棄之。

　　少林擒拿之法、擒敵之威力，名揚古今，絕非易得也。無有宏含擲山之志，降龍伏虎之勇，鐵杵磨針之恆，腹食百斗黃連之苦，非能成才。

（一）擒拿二十四穴

1.**太陽穴**：在眉梢向外約 1 寸凹處。

2.**天突穴**：位於胸骨切跡上緣正中凹陷處。

3.**天柱穴**：在頸後髮際上半寸，旁開 1 寸 3 分處。

4.**廉泉穴**：在喉結上最高點與下骨連邊緣連線的中點。

5.**大椎穴**：第一胸椎之上，與肩點底線之中點。

6.**臂臑穴**：垂肩曲肘，在三角肌下峰前處。

7.**足三里穴**：位於外側膝眼下 3 寸，兩止筋間。

8.**曲池穴**：屈肘或直角，肘橫紋盡頭處。

9.**曲澤穴**：仰掌肘部微屈，在肱二頭肌下端的內側。

10.**陽谷穴**：腕背橫紋尺側端盡頭。

11.**少海穴**：肘窩尺側端。

12.**陽池穴**：位於腕背橫紋的中點。

13.**期門穴**：臍上 6 寸，旁開 3 寸，側即第六內肋端處。

14.**章門穴**：腋中線，第十一肋半處，當屈肘腋合時，肘尖盡處。

15.**血海穴**：屈膝，臏骨內上緣上 2 寸許。

16.**築賓穴**：太谿穴上 5 寸，脛內緣前後約 2 寸處。

17.**公孫穴**：在足內側，第一跖骨骨基內下緣赤白內際凹陷處。

18. **委中穴**：膝膕窩橫紋之中央。

19. **湧泉穴**：足掌心前三分之一與後三分之二交界處。

20. **風底穴**：位於恥骨下緣正中。

21. **脈腕穴**：位於列缺穴上 5 分稍向內開 3 分處。

22. **巨骨穴**：位於鎖骨肩峰端與肩胛骨之間凹陷處。

23. **鳳尾穴**：位於恥骨上緣上 5 分處。

24. **精促穴**：位於命門穴旁 3 寸 3 分處。

（二）擒拿二十把位

耳根、太陽穴、前頸、後頸、前肩、後肩、外肩、大臂、肘節、小臂、手腕、腰筋、腿節、小腿、膝蓋、膝窩、足踝、足背、足心、大腿。

擒拿把位歌訣

> 短打臨陣前，擒拿惡歹人；
> 拿人先下手，遲慢必招損；
> 少林二十法，出手辨風雲；
> 左手拿耳根，右手護頭身；
> 錯身拿太陽，嚴防腹側門；
> 閃電取前項，鐵拳當矛金；
> 若取後項部，箭步回馬槍；
> 順手拿前肩，須防下陰莊；
> 閃身取後肩，走馬戰當陽；
> 斜身拿外肩，外撇如削樑；
> 銀刀卸大臂，金刀守門旁；
> 銳刀斷小臂，須把前胸防；
> 反逆取手腕，城下防暗槍；

虛勢引敵人，束身取腰倉；

飛足彈風市，腿骨斷當場；

箭踢碰前脛，兩掌衛腹腔；

馬踏膝蓋碎，不見足影晃；

要取膕窗穴，閃法後追槍；

偷步喚風雷，外擺撇根樁；

他施撩陰腳，我足鑽腳尖；

他若旋飛足，流星放當場；

他施撲虎勢，束身飛雷槍；

送他三丈遠，殘癱叫當場。

（三）擒拿十八法

鎖法、扣法、切法、壓法、擰法、裹法、繞法、點法、拿法、纏法、踩法、絆法、跪法、掐法、踢法、靠法、甩法、撞法。

1.鎖法：即用擋或壓手法制約對方不能反攻。鎖法分左鎖、右鎖、上鎖、全鎖。

左鎖即出右手打對方，用左手鎖住對方要害，防止反擊。上鎖即用兩手去打擊對方，而用足踢鎖住對方反擊取陰。全鎖即用於對方連攻精疲力盡之後，在霎時之息，兩腿呈子午馬樁勢，兩手呈金交剪之勢，萬無一失矣。

2.扣法：即扣打，由上向下扣打。多用於與敵交手，抵上向下打，或出足破脛、取陰，而疾速出手扣打之法。

3.切法：即縱臂，也叫縱切，多用於切劈對方腕部、肘部、肩部。有時也用於橫劈，也叫橫切。橫切多用於閃身反切對方側腹部、側頸部、肩部等，有時還用倒切。

4.**壓法**：也叫蓋法。多用掌、拳、前臂或軀幹壓住對方，制其失去反抗能力，如掌壓掌，掌壓腕、拳壓拳、拳壓前臂，軀幹壓軀幹等。

5.**擰法**：即外撇法，也叫卸臂法。如對方出手使沖天炮取咽喉或黑虎掏心時，我速出兩手，一手拿其肘，一手抓住腕，向外用力擰，可卸胳膊也。除此還有擰腿法。

6.**裏法**：即內攔法。多用於由外向內閃擊時，抓住敵手，借他力內裏，擊對方頭面部或側腹部。

7.**繞法**：也叫拐法。一是當受到對方阻擊時，向側面繞取對方要害狠擊；二是閃身繞道而避之。

8.**點法**：即點擊要害部位之手法。在奮戰精疲危命之時，機敏尋對方要害部位，準確擊之，使之致殘。

9.**拿法**：即拿要害關節。如對方直拳打來，速迎取拿其手腕；如對方施「鷂子鑽林」，拿其肘節或指節；如對方使飛腳撩陰，拿其踝或脛部。

10.**纏法**：即絞攔法。用於穿肘猛勒扣打，或勒頸、勒頭扣按，或勒腰纏打。

11.**踩法**：即用足踩、足壓，致使對方失去抵抗能力。如踩手、踩胸、踩背、踩頸。

12.**絆法**：腿法中的一種，是常用技擊法之一。在兩人搏鬥時，虛勢攻上而實攻其下，足插敵腿內後跟部，使其不能移動，再用力抓其上半身向相反方向或推或壓或甩。

13.**跪法**：亦腿法之一。先將腿插入對方腿內後將其絆倒，然後用膝蓋跪取對方膝部。

14.**掐法**：用手法掐和截拿對方要害部位，如掐喉、掐眼，使對方斷氣、失明、失去戰鬥力。

15.**踢法**：是少林腿法和技擊技術的重要方法。如踢陰部、踢脛部。拳譜曰：「下取陰處一命亡，疾彈脛骨斷當場。」

16.**靠法**：即突圍向後反擊法。當被敵自後猛撲抱困時，用背部、雙肘或臀部，猛然向後靠擊對方。

17.**甩法**：亦手法之一，分甩擊和甩拿兩法。甩拿者，即當抓住對方手腕之後，利用良機和有利的地形，疾速向外甩，可使對方倒下或殘臂脫臼。甩擊者，即用閃躲回身法，甩擊從背後攻來的侵犯者。

18.**撞法**：用全身力量抖勁，撞擊對方的要害部位，致對方失去抵抗能力。

少林寺著名武僧湛舉法師曰：

　　擒拿之法玄妙靈，抓住強敵不放鬆。

　　反正左右撑纏拿，制服倒地難使能。

　　對手被捉拿在手，跪地求饒哀告中。

二、點穴法

點穴法是少林武術中的精華，七十二藝中三絕之一，是少林眾僧歷經千百年艱苦磨練總結而成的功夫。就內容而言，不但指明了點穴的手型、練法、點打應用和損傷醫治，而且也概括了人體解剖、經絡氣血、脈管穴位，形成了一套較完整的點穴理論。

（一）點穴第一層功夫

習點穴之法，首先要熟知全身各穴，不但能言其所在，而且能瞑目撫之。否則，如盲人看馬。識穴必須認真準確，

絲毫無差。

習點穴之法，必須先明確十二經之穴名，再熟悉各穴之位置，以及經絡與臟腑的關係。其具體練法是：取較堅硬的木材刨光，製成木人，身上先繪標出某一經的諸穴，循其經絡點其穴位，每天3～5次，每次3～6回。熟悉後，改學夜晚點之，繼續月餘。若能在暗中點中，初藝即成，可另換一經。依上法習之，依次增加。將人身全部穴位練熟後，可合併通練，練習到能在暗處準確點準全身諸經百穴時，功夫已就。

人身穴位占面積很小，所點擊之面積也不過2～3分。所以初練時千萬不能疏忽大意，識此為彼或視彼為此。練時應由少到多，由簡到繁，擊點應由輕到重，時間應由短到長。

習點穴之法，無論是制人還是救人皆須身有套功，手有高技。否則，欲制人反而被敵所制，欲救人反而貽誤患者。

古人云：

　　　　點者出手暴客殘，應指倒地一霎間。

　　　　我若失技反被擒，他借我力殺人便。

　　　　制人必先學救法，誤失良君可復原。

　　　　能制無解非真功，還須從頭把功練。

習點穴法，雖力在指，但要牢記，「腦與心合，心與力合，力與氣合，手與眼合，技與巧合」；「陰陽歸一，五行求本，本為力氣」；「力氣之本，仍為氣血，氣血密依」；「血為氣之母，氣為血之帥」；「氣順血行快，血壯氣棄盈」。所以，習點穴者還須增加營養以宜壯血，苦練氣功宜發力。

習點穴法，切要「識透穴理」。凡學者必須細心體會，隨時習練，不拘形式，如床頭、桌前、地邊、途中等均可練習。經常摸索點穴之理，依理推之，逐穴求之，必有所得。如氣血之頭在某時應在何穴，在某時經流何穴，始自何時，又終止於何時等，皆須精推細摸，瞭如指掌。

習點穴之法，還須深知氣血循環，行至某經是逐行還是須行，是向上還是向下，是向左還是向右等等，都必須辨其明，知其詳，方能得心應手，點之則中。若誤其前後，或誤其左右、上下，則都不能奏效。

習點穴之法，還應熟知人體諸經的血液循環軌道及其變化，血液循行在何時經何經絡，注入何穴，順逐凝滯，緩急多少等。

311

點穴之妙，在於點中穴位，擊中要害，靈在眼，疾手快，視其準，點其速，力之準，百點百中，無不妙也。若無真功，皆會點偏穴位，著於是空，不僅不制於對方，反而幫了對方的忙，被對方擊中。氣穴之意另有一說，即「氣未到，血已過」。換句話說，就是未點在氣血頭上，任你指頭上很有功夫，也難奏效。因氣血之循環和氣血之頭所注人各經穴的時刻、路徑，都是有一定規律的，所以，習點穴之法應深知氣血循環的路線及氣血循環之頭，方可點之奏效，制於敵人。

先師云：「氣血頭者，五枝也。上下兩枝，左右兩枝，正中前一枝。以正中一枝諸穴者，最為受害，出手點時，應觀準而力猛，中者必應。氣血還有正頭和直頭之說，氣血正頭為猛，氣血直頭為沖。其實都是指正中前一枝諸穴而言，僅說法不一。」

歌訣曰：

　　點穴之妙在血頭，何時點打順追求。

　　何時正頭注何處，何時氣血經穴流。

　　五枝血頭順詳辨，絲毫偏誤不可有。

　　更考時辰多變幻，悉知五枝血注頭。

　　切記交手抱直頭，若失良機命要休。

　　勸君切莫忘練氣，點穴無氣功白丟。

　　習點穴法，應講實效，其秘法有三：一則精悉經絡，穴和氣血循行之理；二則深知氣血注於五行、天時的關係；三則熟讀並牢記先行所著的點穴諸訣。

　　習點穴法，還必須採用考問法來驗證自己所學之法。何者正，何者誤。正者持之，誤者改之，其考問之法有四：

　　1.考問穴位：製一木人，繪出人體全部穴位，用手指或教尺指木人諸穴，學者一一答之。教者可先問致命穴，次問大穴，最後問小穴。也可先考問經穴，次考問經外奇穴，或任意考問。

　　2.考問經路：仍以木人考之，在木人體表繪出經絡和奇脈，教者考學者：傷人者點何經絡？此經絡引連何臟？被點者當晨有何症象？救治者用何手法？何藥？效果如何？等等。諸經穴逐日考問。

　　3.考問人體之氣血及諸穴與臟腑之關係：習點穴之法，必須深考人體的氣血循行，肢體百穴與五臟六腑的密切關係，對氣血某時循行流注何穴、何路線，其穴與某臟腑的關係，都必須瞭如指掌，對答如流。如此才能在出手點打時，選中要穴，百發百中。

　　4.考問才德：拳譜曰：「對於不守寺規與寺外無德之歹

徒，概不傳點穴之技，對一般徒眾雖可授之點穴手法，但切不可傳致命要穴與制人之妙法。」

歷代武僧在授徒時都嚴行法規，慎重行事，凡對隨徒未經10年之訓和具備高尚德行的門徒，概不傳授點穴技法，以免劣徒得技，損國害民。對於有德而無真才的門徒，也不傳藝，以免半途而廢或知而半解，無濟於事，有損出門武威。對於久經考驗確實德才兼備的賢徒，定誠懇授藝，扶植成才。

良師教徒要嚴守三則：其一，平日與人交手不可亂點要害穴位；其二，遇到死穴，點時要有分寸，不可冒點；其三，持之以恆，深苦研練，不可半途而廢，困難再大也要堅持到最後成功。

（二）點穴第二層功夫

點穴之法不同於拳打腳踢，克敵制勝，全靠一指之功。勁有硬度，觸於硬物，易於破傷皮肉，初學者更是如此。奉勸最初學練點穴之法者不要心急，更不可無規亂練，應在良師的訓教下循序漸進。

歌訣曰：

　　初學點穴莫心急，循序漸進守規矩。

　　不可無意亂點打，免得流血傷身軀。

　　尊師訓練即妙方，點穴真功名列一。

習點穴者，經過第一層功夫的學練之後，就要轉入第二層功夫的學習，即指功。

1.點木物：初練時，宜在較軟的物具上練，如木板、腐木等。其具體練法是：持金針指或金剪指緩緩點擊，每日

3～5 次，每次 15～30 下。3 個月後，可逐漸加重指的勁力，其點法由緩變猛，每日 5～7 次，每次 30～50 下。練 3～5 個月後，自感點指有勁而點物不痛時，可改為點練較硬的木板，如鬆木板、椿木板等。

2.**點石物**：經過一段苦練點木物之後，指尖逐漸堅實，則可開始練指點石。以點指的指端向平滑堅硬的石頭上點練，點勁由輕到重，點時由短增長，點次由少增多。若感到指頭痛疼或腫脹，可酌情減力、減時、減次數，但切不要中止練功。練至兩個月後，痛苦亦能日漸消除，此時可換在較粗糙而無芒角的堅硬石頭上點練，每天不少於 300 下。這樣苦練 3～5 年，可獲顯效。

3.**點沙袋**：袋中填入散沙，約 1 尺 2 寸厚，以指點插之，每天點插 360 下。練功 3 年，改填入鐵砂，每天練點指單點 380 下；再練 3 年後，加練每天 500 下；繼續練習 3 年，去掉鐵砂，換成鐵屑，加倍研練。鐵屑多尖棱，易刺傷指頭皮肉，要特別當心，但也不能因受皮肉之苦而停止研練。先師云：「不惜流血痛，自能成真功。」「有志定成才，苦可育英雄。」

練點沙袋之功，需時 3 年。以肉指點打土塊、木材等硬物即獲奇效，若去點打人身，功效定令人驚贊。

4.**練頂功**：運一臂之全力，貫注於指端去按點硬物，為頂功。頂功的練法仍由軟到硬，先運氣變力，再點打其物。用力時，由輕到重，逐漸增之，至力盡而略停，稍息後繼續進行。每天練習以 300～500 下為宜，天天苦練，不可中斷。

體弱者，可以帶指帽（用三層白粗布製成）點練，先點

五穀、砂粒，再更換成朽木，逐步變成點練硬木、牆壁、石頭，甚至鐵物。

5.練抓功：抓功即用大拇指、食指和中指合併抓點制人的功法。其法是以食指為中點，用大拇指和中指先抓後點，輔助食指去點抓制人，有獨特之處。其練法是：拇指、食指、中指三指的未節向內稍屈似鷹咀狀，形如圓錐，銳如槍尖，盡三指之力緊緊扣之，用至全身銳力耗盡。每日練抓握實物 3～5 次，每次 100～250 握。依此若練 3～5 年即可成功。

若練此功成就，出手抓住對方要害部位，彈指用力，可將對方觸處抓攔。初練者可先抓土塊、水果，有一定功夫後，再研練抓握磚頭、石頭等物。體弱者可練抓砂球（用白布縫成的球形小袋，內填砂粒），每日 2～3 次，每次 30～50 握。體壯者可練習抓木棒、鐵杠、酒罐等（內裝鐵沙或鐵片）。

以上所談諸法，皆屬外層功夫，點指非黏人身者難以奏效，凡有志者非艱難之事。但聞有點打不著人身而能制於人的內層功夫，此功夫僅聞而未實見，聞之雖感不難，練成功夫則是難上加難。

練點穴功夫，有時亦有誤傷或被別人無意致傷的，必須及時治療，用藥水洗之。如能在練功之前洗一次，可防意外。

其處方是：生半夏、生南星、毛活、青皮、辣椒各 30克，川芎、象皮、乳香、鹿角、茄皮、紫草、當歸各 45克，大附子、黃蜂窩各 6 克，川椒 30 克，鷹爪 1 對，青鹽120 克，老醋 250 克。

以上諸藥，置砂鍋內同煎去渣。放溫時，將兩手放入盆內浸洗，待藥汁生效，自感溫氣在體內如蟻行之時，出手擦乾，然後練功。

此方可以防範，有舒筋、活血和通絡之功，以及活血益氣和強髓健骨之能，為練點穴功夫的良方。適於練習點石、插砂等外層功夫。

又方：風仙花草 1 株，桑枝 30 克，桃樹枝 30 克，鹿角 30 克，象皮 15 克，紅花、桃仁、赤芍各 24 克，雲木香 9 克，青皮、廣陳皮各 9 克，草烏、川烏各 12 克。

煎法、用法和功效同上法一樣。

6.點木人：練點打之功，應結合認穴、識別經絡、氣血循行和氣功等基礎知識。先製一木頭人，用墨汁標明人體經穴和致命穴位，但所標穴位必須準確，否則會導致錯點部位，反而被敵所制。

少林散打名師如淨法師曰：

点打奇門功，秘體在少林，
立志練眞功，該有苦恆心。
一練硬功底，氣功乃根深，
氣壯推山河，四兩撥千斤。
二練手指功，平日須專心，
先練指點土，再練點桐樁。
更練指點石，苦練五冬春，
後練點鐵板，莫懼受苦深。
食盡黃連苦，英名樹武林，
練成妙指法，秘訣在眼神。
先練視點處，次練開穴門，

眼力練成準，暗室辨假眞。

夜間能點打，白日千百準。

氣指十之法，點打武藝眞。

三十春秋苦，練得功夫神。

湛舉和尚練點打歌曰：

點打要在點穴準，常用三法牢記心。

其一刻製一木人，經絡俞穴詳標眞。

其二練氣合崩勁，一氣呵成火煉金。

其三墨室練點位，白灰染掌尋穴紋。

暗室發指若點中，光日點打皆精準。

勸君練功莫怕苦，小樹日久定成林。

7.練眼力：眼力在武術中極為重要，在點穴法中也是如此。習點穴法不僅要精通點穴之理法和點法，而且要深知「眼力為點穴法之魁」。眼力者，重在轉動靈活，要在視移之銳，關鍵在疾速睹物。其法有二：一是暗中練，最好在夜間，尋一寂室熄燈靜坐，瞑目定心，默思室中各物之位置、形狀，深思片刻，啟目視之，驗之是否正確。起初多難奏效，耐心久練，啟目百物活現，不差分毫；二是在室內吊一燈籠，與前述羅漢功內練眼功的練法相同。3 年以後即可暗中辨物，不差分毫。練成此功，啟目點打對手，則可手眼相應，百發百中，無人能比。

（三）點穴第三層功夫

拳譜曰：

點穴妙法貴三功，三層功夫步步生。

唯有奇功第三層，十步之外致人疼。

若遇良師可解救，何如巧用輕和重。

制服於人不傷命，何需動手不留情。

少林點穴法第一、二層功夫，皆為普功，唯有第三層功夫技法較奇。凡練習點穴者，在掌握第一、二層功夫之後，除繼續認真研練，保持其技，永不退步外，還應苦練第三層功夫。

練第三層功的要領是以勁推氣，氣變為力，遠距制人。

1.摧棉功：用棉花製成胡桃大的圓棉球，放室內一個木架上或木板上，高與練功者胸同高，距架1尺3寸而立，右拳運氣，對架上的棉球猛沖，每天沖500次。當棉球被沖拳所帶的風吹掉時，再移遠2尺；當棉球被沖掉時，再移遠3尺。依上法練習，日漸進步，可改為中、食二指向前點沖，每天千餘下，持恆練習之，經過20年至30年，可告成功，遠距制人。

2.吹燈功：其練法與摧棉功大同小異，取油燈或蠟燭點燃，置於桌上，練功者距3尺站立，運氣向前對準燈焰沖拳。依上法退至丈餘，沖拳後能滅燈時，改為二指沖練，直至指出燈滅時，方為成功。

（四）少林點穴秘訣歌

1.血頭行走穴道歌

周身之血有一頭，日夜行走不停留。

遇時遇穴若傷損，一七不治命要休。

子時走在心窩穴，丑時需向泉井求。

井口是寅山根卯，辰到天心巳風頭。

午時卻與中原會，左右蟾宮在未流。

鳳尾屬申層井酉，丹腎懼為戌時位。

六宮直等亥時來，不教亂縛斯為貴。

又曰：

天門暈在地，尾子不還鄉。

兩肋丟開手，腰眼笑殺人。

太陽並腦後，悠勿命歸陰。

斷梁無接骨，臍下急身亡。

2.致命三十六穴秘訣歌

致命穴位三十六，代代武僧刻顱首。

悉知穴位在何處，點中穴位致命休。

得真技者尚武德，除暴安良美名留。

少林點穴招法妙，三十六外留鬼愁。

三十六穴點法妙，不可隨意傳人間。

少林致命穴法源，六六三十六處點。

一亦前額前中線，二亦兩眉正中間。

三亦眉外兩太陽，四亦枕骨腦後邊。

五亦腦後兩邊穴，六亦耳後厥陰言。

七亦華蓋心口上，八亦黑虎偷心眼。

九亦巨厥心口處，十亦水分臍上緣。

十一臍下氣海穴，十二關元下腹間。

十三下腹四寸處，亦名中極斷陰泉。

十四左乳上寸六，亦名左膺窗命關。

十五右乳上寸六，右膺窗穴位當然。

十六右乳下寸六，左乳根穴連命關。

十七左乳下寸六，右乳根穴牽命連。

十八十九兩期間，乳下寸六旁寸盡。

二十臍下左幽門，巨厥之旁五分算。

二十一亦右幽門，若能點中斷肺源。

二十二即左商曲，亦各血門主命關。

二十三即右商曲，點中五月喪黃泉。

二十四為血囊穴，二十五為氣囊點。

二十六亦左腹結，二十七右腹結眼。

二十八為各門穴，十四腰椎下中間。

二十九即腎俞穴，命門兩旁一寸半。

三十志堂穴屬腎，點重三日歸西天。

三十一亦氣海俞，三二鸛口刻心間。

三三陰囊後海底，三四足底是湧泉。

三五左右乳下處，又名一計害三賢。

三十六亦肺底穴，點傷絕氣閉雙眼。

三十六穴切記牢，點打不可半絲偏。

此為少林真絕技，切莫輕易向外傳。

3.點打二十六穴歌

少林點穴三百餘，二十六穴點法奇。

指下點上取百會，指左點右太陽際。

閃身繞後打風府，明中暗的晴明息。

扣打左右偷擊上，乘機疾打眉中齊。

金雞鎖喉搶天突，偷轉身後更靈俐。

點打承漿摘頂凸，擊下反上下關擊。

點打人中鼻開花，顫中一穴敵絕氣。

指人打中取巨厥，踐疼欲被吐紅液。

要尋中腕挖口袋，致他永久嗆吐食。

指上打下尋中極，鐵拳妙打氣海池。

閃躲錯身尋命門，乘機繞道破脅際。

章門連肝通血池，一拳內流血腔瘀。

迎風辨勢尋合谷，眼疾手快拿後豁。

疾拳破肘點曲池，肩頭之上尋肩髃。

指上打下靠足踢，點打膝臏他倒地。

此法可破陽陵泉，勞他腿膝永殘疾。

閃身飛步轉他後，尾宮一穴嘴啃泥。

銳目注辨來飛腳，狠拿照海他失利。

拿住崑崙送丈遠，致他全腿失戰力。

撐撇致他上身伏，扣打盆骨尿流地。

更有一招用法奇，騎馬鐵樁雙肘起。

左右橫衝攻臍中，霎時噴血喊淒泣。

二十六穴莫輕用，反防歹徒妄侵襲。

知穴沒功白點打，反被彼用受人欺。

要知真功在何處，苦練本功從源起。

苦練三旬莫練志，還須虔誠投良師。

若欠武德眾人厭，良師拒收歹徒弟。

少林功夫真言錄，均在此譜亮公知。

武士切記守武德，才能學到真本事。

4.致殘十八穴法歌：

（1）點打神門穴

與敵勁交陣，尋機掐神門。

致他手腕痺，失去五百斤。

（2）點打外關穴

他伸手來搬，我巧點外關。

指出剎間疾，致他前臂斷。

（3）點打手三里穴

敵架臂擋擊，我可尋良時。

點打手三里，致他全臂也。

（4）點打支正穴

他拳來如風，我應疾風聲。

一點中支正，敵臂全失能。

（5）點打勞宮穴

他伸手來抓，我放反門花。

點或扎勞宮，致他手痹麻。

（6）點打大陵穴

他用流星拳，我用炮崩山。

反崩拳後把，笑觀掌開花。

322

（7）點打風市穴

他跳飛毛腿，我施猴縮身。

疾起點風市，致殘他大腿。

（8）點打環跳穴

他埋馬步樁，我用飛馬槍。

轉挫點環跳，致他伏地亡。

（9）點打膝眼穴

他用虎足踢，我點膝眼疾。

致他右腿殘，當即嚎鬼泣。

（10）點打三陰交穴

他使鐵腳拐，我使金剛叉。

潑他三陰交，致敵殘地倒。

（11）點打足三里穴

他弓步沖拳，我架上虛鐮。

下鐮破三里，致他腿骨斷。

（12）點打委中穴

他踢腿過臍，我疾手搬起。

乘機取委中，致他倒在地。

（13）點打承山穴

他使彈蹬腿，我站如石碑。

乘缺反崩足，致他小腿斷。

（14）點打內踝尖穴

他扎樁弓步，我待良機時。

內潑掃外踝，致敵倒地下。

（15）點打外踝尖穴

他使旋風腳，我即速躲開。

良機擊外踝，致他疾時甩。

（16）點打血海穴

弓樁雙虎鬥，撕打局難收。

崩足勁撲彈，蓋內白漿流。

（17）點打鶴頂穴

兩人交近勁，勝敗局難分。

疾使雙跪法，破膝鶴頂準。

（18）點打尾宮穴

他若用靠法，我卸後退把。

乘機點骶部，致他殘坐下。

（五）點穴十一法

有鴉咀、鶴咀、雞咀、金針指、金剪指、三陰指、瓦楞拳、肘、足、鐵頭、靠共十一法。

1.鴉咀點穴法

（1）手型握法：手的無名指、中指和小指內屈，食指向內屈成勾，向外突出，拇指向內封在中指曲眼上，五指握緊，用食指的突出部位點擊對方要害部位。

（2）用　途：鴉咀法主要用於點擊對方的顏面、頰側面和胸腹側面諸穴，如太陽、下關、翳風、關堂、章門、日月等穴。

歌訣曰：

> 鴉咀點穴力量雄，左右點擊如雷轟。
>
> 交手閃身取太陽，巧點下關和翳風。
>
> 下取章門並日月，點中暴客即喪生。

（3）練　法：每日早晨和晚飯後，面對木人，相距2尺左右，先運氣三循，然後貫注右手食指，向木人的太陽、下關等穴轉點。每次 10～15 下，逐漸增加次數，3個月後可重點，每次 150～300 下。

2.鶴咀點穴法

（1）手型握法：食指、中指、無名指和小指向內屈，中指向外凸形突出，拇指向內封壓住中指末節，五指再盡力握緊，用中指突出部位點擊對方要害穴位。

（2）用　途：鶴咀法主要用於點擊對方頭部、胸腹和背部的正中線諸穴，如印堂、人中、顫中、中脘、中極、身柱和命門等。

歌訣曰：

> 鶴咀力宏善碰硬，直發如箭點正中。
>
> 氣由丹田一呼出，貫連中指虎力生。
>
> 點軟宜施螺旋鑽，點硬宜使猛崩沖。

且記虛實玄憾法，明左玄右取當中。

（3）練　法：先面對牆壁，運氣三循，氣貫中指凸節端，然後輕點牆壁。每日早晚各 1 次，每次 30～50 下。1 個月後可改為點木人，每次 100～300 下，用力逐日加重。

3.雞咀點穴法

（1）手型握法：中指伸直，拇指和食指併緊附於中指的第一節與第二節橫紋內側，無名指小指內屈，形如雞咀，用中指尖點刺對方的要害穴位。

（2）用　途：雞咀法主要用於點刺對方全身的歧骨凹陷處，如印堂、鶴口、列缺、合谷、陽陵泉、陰陵泉和手足背面諸穴。

歌訣曰：

> 雞咀勾錐鋒銳利，點鑽勾刺法亦奇。
> 善點聽宮鶴口穴，手足背尾與列缺。
> 背部諸穴至命門，內外膝眼併肋際。
> 點中成擒鬼哭泣，莫忘勾鼻牽十里。

325

（3）練　法：面對盆內盛的米粒，運氣三循，氣貫食指，向盆內演練點插，每日 2 次，每次 50～100 下。1 月後改點石砂，2 月後改點鐵砂，3 個月改點木人，每次 300～500 下。

4.金針指點穴法

（1）手型握法：中指伸直，其餘四指內屈，拇指內扣，緊壓食指和無名指，點刺對方的要害部位。

（2）用　途：金針指主要用於點刺人身孔眼和軟組織處的要穴，如眼、鼻孔、天突、耳道，鳩尾、中脘、臍眼、天樞、氣海等。

歌訣曰：

> 中指亦屬五峰第，單出亦稱金針指。
>
> 點中如就針插紙，霎時暴客命即息。
>
> 穴選鼻孔雙眼珠，耳孔天突與天樞。
>
> 鳩尾中脘氣海穴，左右膝眼併血池。

（3）練　法：點物同雞咀法，僅在3個月後開始演練鑽法，即點中施鑽入內，日久皆威力無窮。

5.金剪指點穴法

（1）手型握法：食指、中指伸直，間距1寸2分許，形如剪刀，其餘三指內屈，拇指扣壓在無名指末節上，用中、食指點插對方要害穴位。

（2）用　途：金剪指主要用於點插對方的鼻、腋下、肋間和軟組織諸穴，如雙眼、雙鼻孔、腋下、不容、巨厥和諸肋間等。

歌訣曰：

> 金剪指法插加點，剪指入穴如箭穿。
>
> 透過泉眼可變鈎，橫轉如絞成紅剪。
>
> 描準眼鼻腋下窗，膈緣時間是插泉。
>
> 不容巨厥併朝門，剪指到處他閉眼。

（3）練　法：面對盆內穀物，運氣三循，氣貫中、食二指，然後輕插穀粒，每日兩次，每次50～100下。一個月後改練插砂，兩個月改練鐵砂，每次300～500下，最後再練插點木人的有關穴位。

6.三陰指點穴法

（1）手型握法：食、中、無名三指伸直，小指彎曲，拇指內屈扣壓在小指末節上，以三指點擊對方要害部位。

（2）用　途：三陰指主要用於點插腹部和全身軟組織的諸穴，如鳩尾、不容、幽門、三陰交、曲池、曲泉等。

歌訣曰：

　　　三陰指點似刀切，點插切轉左右掠。

　　　斜插直取鳩尾穴，不容幽門併日月。

　　　曲池曲泉三陰交，承山委中不可缺。

　　　偷點翳風卸下頜，黑虎掏心濺鮮血。

（3）練　法：食、中、無名三指併列伸直，練法同金剪指法。

7.金鑔指點穴法

（1）手型握法：中指、無名指和小指緊靠貼緊，拇指內屈，四指微彎，使手型如瓦形，用四指尖扣、插、挑、鑔點擊對方。

327

（2）用　途：金鑔主要用於鑔托插點肚腹和襠部諸穴及四肢要害部位，如天樞、幽門、關元、京門、水分、貫堂、曲池、三陰交等。

歌訣曰：

　　　金鑔指技妙法全，四指運用開如鑔。

　　　一鑔幽門難進食，二鑔五樞腸切斷。

　　　三鑔水分便不利，四鑔關元嚇軟癱。

　　　五六鑔池和陰交，四肢運轉失靈便。

（3）練　法：同三陰指。

8.瓦楞拳點穴法

（1）手型握法：食指、中指、無名指、小指內屈，四指末節緊扣掌內，不能超過手掌第一道橫紋，拇指封壓於食指孔眼，使手型如瓦楞形，用瓦楞拳點打對方。

（2）用　途：瓦楞拳主要用於點打胸部和頭部前後諸穴及四肢要害骨骼，如百會、上星、印掌、頭維、後頂、顛中、乳根、肝俞、膈俞、風市、肩井、肩髃等。

歌訣曰：

> 瓦楞拳技亦奇形，五指內扣如瓦楞。
>
> 打點刺砸力無窮，點中暴客即喪生。
>
> 敏取百會印堂穴，頭維後頂併上星。
>
> 乳根肩髃與顛中，諸俞風市連肩井。

（3）練　法：先面對軟物以瓦楞拳點之，每日2次，每次50～100下。兩個月以後改點擊牆壁、木板等硬物，3個月後改點擊木人，每日300～500下。

9.肘法點穴

前臂內屈，露出肘尖，主要用於點打對方的胸、肋、腹等要害部位，如巨厥、中脘、章門、日月、神厥、天樞等。

練　法：先是點打軟物，漸改點打木人，每日300下。

10.足法點穴

足法點穴即踢法。踢出時足面繃平，用力向前或向兩側彈踢。主要用於點踢對方臍胯以下部位，如中極、氣海、曲骨、會陰、陰囊、長強、足三里、鶴頂、膝蓋、骨脛、環跳、弛侖等。

練　法：先踢點軟物，漸改踢點木人，每日500下。

歌訣曰：

> 少林點穴招法奇，更有足法虎勁踢。
>
> 撩梢致敵歸陰法，破脛致他斷下肢。
>
> 左右雙擺崑崙穴，斷踝三交向內擊。
>
> 直取曲骨會陰處，陰囊氣海與中極。

還有長強鶴頂穴，膝蓋環跳併三里。

手足併用招法全，上下兼施是真機。

11. 鐵頭點穴法

此法即用頭部碰點對方要害部位。主要用來碰擊對方的面、胸、腹、肋和背部諸穴。如鼻、下關、下頜、顫中、中脘、神厥、章門、膏肓、命門等。

歌訣曰：

用頭碰點妙中技，碰中敵方即倒地。

妙在乘他無防備，猛衝狠碰他命息。

上碰面鼻濺紅水，中碰心窩他吐食。

下碰陰仰臉朝天，後碰背部致他死。

練　法：運氣貫注頭，然後碰擊牆壁，每日 15～20 下。初練用力輕，日久漸用力重，3 個月後改練碰木人要害部位，每日 300 下。

12. 靠法點穴

用臀部向後靠擊背後來犯者的要害部位，如下腹部、陰部、胯部等。

歌訣曰：

點打別有靠法奇，向後猛照殺敵氣。

臀擊打他肚中極，曲骨會陰血梁衣。

側身擊胯可卸腿，亦名鐵身靠絕技。

練　法：運氣後貫注於臀部，對準牆或樹木用臀靠擊，每日 1 次，每次 15～20 下。3 個月後改靠木人，每日 100 下。

少林點穴之法甚多，除上述 12 種外，還有四平拳、足眼、跪膝等法。

（六）七十二脈穴名稱

右手背一脈，左手背一脈，右乳下行氣一脈，左乳下行氣一脈，右前甲心脈，左前甲心脈，右腿肚子一脈，左腿肚子一脈，右肋下一脈，左肋下一脈，右腳內突一脈，左腳內突一脈，左手合谷一脈，右手合谷一脈，左上肋一脈，右上肋一脈，左手掌心一脈，右手掌心一脈，左乳行氣一脈，右乳行氣一脈，正頸窩脈，左邊頸窩脈，右邊頸窩脈，左腳膽脈，右腳膽脈，左耳尾根脈，右耳尾根脈，左邊甘楞心脈，右邊甘楞心脈，正心窩脈，後頭頸舌一脈，後對心窩脈，右手小指其脈，左手小指其脈，左手中指脈，右手中指脈，左頭上雲晴脈，右頭上雲晴脈，左耳孔鬼脈，右耳孔鬼脈，正頭緣脈，正天堂脈，左風尾脈，右風尾脈，正鼻梁厄脈，右顏雪下脈，左顏雪下脈，右手正腕絡脈，左手正腕絡脈，左手中指邊脈，右手中指邊脈，左邊肩尖脈，右邊肩尖脈，左腿窩根脈，右腿窩根脈，左手靜脈，右手靜脈，正頭發角脈，正腌骨尾脈，正下陰脈，左腳背脈，右腳背脈，左腳其脈，右腳其脈，左腳跟脈，右腳跟脈，左後甲心脈，右後甲心脈，左上脅尾脈，右上脅尾脈，合谷骨脈，正膀胱脈，左腳拇趾考脈，右腳拇趾考脈。

（七）點打常用穴位

眉心穴：又名印堂。位於兩眉之間。

頭額前穴：位於眉心上1寸正中。

太陽穴：眉外一寸陷中，即是眉梢與眼外眦之間後的一寸陷凹中。

枕骨穴：又名胸戶。位於枕骨粗隆上方。

厥陰穴：又名點頭竅陰。位於腦後兩邊，乳突後，浮白與完骨之間。

華蓋穴：胸骨柄與胸骨體聯合的中點，即天突穴下 2 寸。

黑虎掏心穴：又名建里。位於臍上 3 寸正中。

巨厥穴：臍上 6 寸，即鳩尾穴下 1 寸。

氣海穴：又名丹田穴。臍下 1 寸 5 分。

關元穴：臍下 3 寸。

水分穴：臍上 1 寸。

中極穴：臍下 4 寸。

左鷹窗穴：左乳上 1 寸 6 分。

右鷹窗穴：右乳上 1 寸 6 分。

左乳根穴：左乳直下，相當於第五肋間。

右乳根穴：右乳直下，相當於第五肋間。

左期門穴：左乳下二肋，相當於七、八肋間。

右期門穴：右乳下二肋，相當於七、八肋間。

左幽門穴：巨厥穴左開 5 分。

右幽門穴：巨厥穴右開 5 分。

左商曲穴：又名左盲命俞。臍中左旁 5 分。

右商曲穴：又名右盲命俞。臍中右旁 5 分。

左章門穴：左腋中線第十一肋端下際。

右章門穴：右腋中線第十一肋端下際。

左腹結穴：又名左七勞。臍左 4 寸，再下 1 寸 3 分。

右腹結穴：又名右七勞。臍右 4 寸，再下 1 寸 3 分。

左腎俞穴：第二腰椎棘突下左側 1 寸 5 分。

右腎俞穴：第二腰椎棘突下右側 1 寸 5 分。

命門穴：第二腰椎棘突下正中。

左志室穴：又名志堂穴。位於命門穴旁 3 寸。

氣海俞穴：第三腰椎棘突下旁開 1 寸 5 分。

鶴口穴：又名尾宮穴。位於尾骨宮下兩腿骨盡處。

海底穴：又名會陰穴。前陰與肛門之間。

湧泉穴：在腳心八字文內尖中，即第二、三趾跖關節後方，蹠屈時所現的凹陷處。

百會穴：位於頭頂正中線與兩耳尖連線的交插點中點處。

胸戶穴：位於百會穴後 4 寸 5 分。

腦門穴：又名顖會。位於百會穴前 3 寸正中處。

上星穴：又名神堂。入髮際 1 寸陷中。

前頂穴：百會穴前 1 寸 5 分。

後頂穴：又名頂門穴。在百會穴後 1 寸 5 分處。

風府穴：又名天星。項後枕骨下兩筋中間。

頭維穴：位於額角，入髮際角尖處。

耳後穴：位於耳後靜脈中。

啞門穴：位於風府穴下 1 寸正中。

心井穴：又名鳩尾。胸劍突骨下緣。

對門穴：又名不容。巨厥穴旁開 6 寸。

扇門穴：即男者左對門穴，女者右對門穴。

京門穴：又名氣俞。第十二肋遊離間處。

五定穴：又名天樞。平臍中旁開 3 寸。

伯勞穴：即陶道穴，第三胸棘突下。

肺使穴：又名肺俞。第三胸椎棘突下旁開 1 寸 5 分。

332

顫中穴：平第四肋間隙，兩乳頭之間正中。

對心穴：又名至陽。第七胸椎棘突下。

風門穴：第二胸椎棘突下。

環跳穴：股骨大轉子後上方，大轉子與骶骨裂孔連線的內三分之一處。

蓋膝穴：即膝蓋骨。

膝眼穴：臏骨尖兩旁凹陷處。

竹柳穴：又名交信穴。脛骨側緣內側。

腳住穴：腳面上的高骨如豆者。

開腔穴：即兩耳。

喬空穴：即兩耳後根部。

左耳尖穴：即左耳尖峰。

右耳尖穴：即右耳尖峰。

眼角穴：即眼梢。

大中穴：即鼻中。

人中穴：即鼻溝正中。

架梁穴：即鼻梁。

咽空穴：即兩處鼻孔。

牙關穴：即唇口。

咽喉穴：即喉管。

將臺穴：即喉管左右。

吞咽穴：舌上咽腔。

童骨穴：位於風市下處。

精靈穴：即兩手虎口。

曲池穴：屈肘時橈側橫文盡頭處。

中脘穴：臍上 4 寸。

六宮穴：又名臍中、神厥。即肚臍。

氣關穴：又名氣門。右乳下 2 橫指處。

血瘦穴：又名血關。右乳下 2 橫指處。

掛膀穴：血瘦穴下 1 分處。

肚角穴：位於小腹盆弦之處。

命關穴：位於血關穴之下。

背心穴：即背部的中心點。

腰眼穴：第四胸椎棘突下旁開 3 寸 8 分。

糞門穴：即肛門口。

衝陽穴：足背的最高點，動脈旁。

血囊穴：右側十二肋骨下緣。

氣囊穴：即小腹左邊。

淨瓶穴：即臍左血腕下。

青中穴：即青骨的中點，第十一胸椎棘突下。

山根穴：即鼻梁之上。

對口穴：項後的風府與啞門之間。

氣隔穴：臍下 3 分稍偏左。

血海門穴：右側十二肋下 3 橫指。

隔門穴：左側十二肋骨上緣。

氣舍穴：鐵骨內側端上緣。

開氣穴：即氣舍穴偏右。

轉喉穴：即氣舍穴偏左。

血倉氣門穴：右側鎖骨下 8 分處。

氣血囊合穴：左傍肋骨下。

督脈穴：枕骨正中。

正額穴：頭額前正中。

後海底穴：腎俞穴下1寸8分。

攢竹穴：眉內端陷中。

正氣穴：左側乳上1寸3分。

上血海乳穴：右側乳上1寸3分。

氣血二海穴：左右乳下1寸3分。

下血海穴：右乳上1寸4分。

藿肺穴：中腕與建里之中點向下1寸3分。

翻肚穴：藿肺穴向左1寸3分。

泰山穴：離梭子骨4寸處。

天突穴：胸骨柄的上緣凹陷中。

勞宮穴：第二、三掌骨之間。

神門穴：尺側腕關節橫紋頭。

手三里穴：曲池穴下2寸。

頰車穴：下頜骨前咬肌中。

支正穴：尺側腕上5寸。

下關穴：顴弓下與下頜關節切跡間凹陷處。

足三里穴：犢鼻穴下3寸，脛骨粗隆外側。

犢鼻穴：屈膝，臏韌帶外側陷中。

肩井穴：肩頭高處，大椎與肩峰之間。

日月穴：第九肋端下緣。

風市穴：大腿外側膝上7寸。

陽陵泉穴：腓骨小頭前下方。

委中穴：膝後窩中動脈外（又名血都）。

承山穴：委中與跟腱之間。

崑崙穴：外踝與跟腱連線的中點。

血海穴：屈膝，臏骨內上緣。

大陵穴：又名腕心穴。掌後骨下，兩筋間陷中。

尾閭上穴：即尾閭上1分許。

外踝尖穴：即足外踝最高點。

內踝尖穴：即足內踝最高點。

膀胱穴：即膀胱。

淚孔穴：又名睛明。目內眥頭外1分。

所聞穴：又名聽官。即耳珠，大如赤小豆。

中府穴：第一肋間隙外側近喙突處。

絕骨穴：又名懸鍾。外踝上3寸。

膈俞穴：第七胸椎棘突下旁開1寸5分。

大杼穴：第一胸椎棘突下旁開1寸5分。

大淵穴：腕關節橫紋上，橈動脈外側。

然谷穴：足踝內側前下2寸。

曲骨穴：臍下5寸正中，即恥骨聯合上緣。

大都穴：足拇趾內側末節後。

三、卸　骨

（一）卸骨及復位手法

1. **捏法**：即用拇指和食指狠捏對方被擒拿的關節，用巧勁使其關節錯位或脫臼，失其正常功能。

2. **卸法**：即用拳或指鑽打骨縫與關節處，使其關節歪斜錯位，失去抵抗能力。

3. **推法**：即修正關節之位。須察其關節損傷之形，一手扶拉，一手循其關節應位方向用力推之，使脫臼關節復位。此為修正法。另有推錯，即拿其準確部位後，用力向外或向

相反方向猛推，使其部位脫臼錯位，失去抵抗能力。

4.**揉法**：即按摩法。凡被卸之人，以及關節受傷者，骨未折斷，僅損其皮肉者，可根據局部腫硬程度，施揉術在傷處揉按，徐徐按摩，可使局部瘀血消散，炎症消退。若關節出現脫臼者，則用推拿之術，使其還原復位。

（二）常用卸骨部位

1.**卸下頜法**：二人交手時，用閃身法繞至對方身側，施陽掌高拳向下卸他下頜部即耳根下部，可致對方下頜脫位。

2.**卸肩法**：二人交手時，虛攻其下而實攻其上，一手抓住對方上臂末端向內使勁，一手拿起前臂，猛向外撇，即可卸骨。

3.**卸腕法**：乘對方出手擊來之時，抓住他的手腕，借其猛力向相反方向擰甩，可使其腕骨錯位。

4.**卸膝法**：與敵交手之際，設法靠近他，將一隻腳插入他一隻腳的內側，絆住他前腿，乘他不防，猛推其大腿上部，向所絆的反向用勁。可使其膝關節脫位，也可用跪膝法制其關節斷折。

5.**卸肘法**：交手時，我右手先抓住對方左手腕部，再速出左手抓他肘端向裡扳，右手向外先拉後撇，可卸其肘。

6.**卸大腿法**：乘對方踢我之時，兩手抓住他腳脖猛向外擰，使其臀轉向我時，速抬右腳狠踢其胯關節部，大腿可卸下。

7.**卸腳法**：對方抬腳彈踢時，我雙手抓住他的腳掌猛向外撇，或用掌根砍足踝部，可致其腳骨錯位。

少林正宗七十二藝

附錄一　醫藥秘方

十三味藥主方（通治外科疾病）

玄胡索 3 克、木香 3 克、青皮 3 克、烏藥 3 克、桃仁 3 克、蓬朮 3 克、骨碎補 4.5 克、赤芍 4.5 克、蘇木 3 克、當歸尾 3 克、三棱 15 克、大黃 12 克、縮砂 9 克。

若大便不通加生大黃 6 克；小便不通加車前子 9 克；胃口不好，不思飲食者加川朴砂仁各 6 克。

發散上部方

防風 9 克、白芷 3 克、紅木香 3 克、川芎 6 克、歸尾 6 克、赤芍 6 克、陳皮 6 克、羌活 6 克、半夏 6 克、獨活 4.5 克、骨碎補 4.5 克、甘草 3 克、生薑 3 片。水煎，用酒沖服。

發散中部方

杜仲、川斷、貝母、桃仁、劉寄奴、蔓荊子各 6 克，當歸、赤芍、自然銅（醋淬）各 9 克，肉桂 2.4 克，茜草 3 克，水煎加薑汁服。

發散下部分

牛膝、木瓜、獨活各 9 克，歸尾 6 克，川芎 6 克，川斷、厚朴、靈仙、赤芍、銀花各 7.5 克，甘草 3 克，水煎加薑汁服。

發散通身方

凡上體上、中、下三部受傷，須用發散藥一、二劑。氣急有瘀者加製半夏9克；風痰者加製南星6克；心驚者加製南星4.6克、桂心2.4克、香附4.5克。同煎服。

少林七厘散

地鱉蟲（去頭、足）24克、硼砂24克、蓬莪朮（醋炒）15克、五加皮（酒炒）15克、菟絲子15克、木香15克、五靈脂（醋炒）15克、廣陳皮15克、生大黃18克、螻蛄18克、朱砂12克、猴骨12克、炒枳殼6克、當歸（炒）6克、蒲黃6克、生地6克、熟地6克、麝香1.5克。共研細末。輕傷者每次服0.21克，重傷者每次服0.42克，最重者每次服0.6克。陳酒沖服，風瘀血攻心者，服之即醒。

擊傷全身腫疼方

白芍15克、黃柏9克、丹參30克、劉寄奴9克、秦艽9克、雞血藤15克、松節9克、木瓜9克、木通6克、茯苓9克、紅花9克、川斷9克、川牛膝15克、生黃芪15克、甘草6克。取水、酒各半，將上藥煎至1碗，加童便1杯。日服2次，約3日可癒。

跌傷散

血竭3克、兒茶3克、紅花3克、當歸15克、赤芒6克、龍腦3克、朱沙1.5克、桂心1.5克、附子1.5克。共

研細末，用白酒 30 克沖服。

壯筋續骨丹

當歸 60 克、川芎 30 克、白芍 30 克、熟地 120 克、杜仲 60 克、川斷 60 克、五加皮 60 克、骨碎補 60 克、桂枝 30 克、三七 30 克、黃芪 30 克、虎骨 30 克、破故紙 60 克、菟絲子 60 克、黨參 60 克、木瓜 30 克、劉寄奴 60 克、地鱉蟲 90 克。

共研細末，加砂糖水製丸，每服 12 克，黃酒引服。凡被卸拿筋骨受傷，非洗藥所能治者，服此藥可以見效。

【功效】：祛腐生新，消腫止疼，舒筋活絡，接骨續筋。用於治療拳械擊傷、跌仆摔傷、瘀血青腫、疼痛難忍、折骨斷筋、腰腿疼痛、步履困難等症。

飛龍奪命丹

硼砂 24 克、地烏蟲 24 克、自然銅（醋淬 7 次）24 克、木香 18 克、當歸 15 克、桃仁 15 克、蓬莪朮 15 克、五加皮（酒炒）15 克、制猴骨 15 克、元胡（醋炒）15 克、三棱（醋炒）12 克、蘇木 12 克、五靈脂（醋炒）9 克、赤芍 9 克、韭菜籽 9 克、生蒲黃 9 克、生地 9 克、熟地 9 克、破故紙（鹽水炒）9 克、炒陳廣皮 9 克、川貝 9 克、朱砂 9 克、炒葛根 9 克、桑寄生 9 克、肉桂 6 克、烏藥 6 克、羌活 6 克、麝香 6 克、杜仲（鹽水炒）6 克、炒秦艽 6 克、炒前胡 6 克、螻蛄 6 克、青皮 6 克，共研細末。重傷者每次服 9 克，輕傷者每服 4.5 克，陳酒沖服。

擒拿致傷方

荊芥 6 克、防風 6 克、透骨草 6 克、羌活 3 克、獨活 7.5 克、桔梗 6 克、祁艾 6 克、川椒 6 克、赤芍 15 克、蓍草 15 克。濃煎成湯，趁熱洗，每日 3 次。專治被擒拿或跌打損傷所致的皮膚紅腫，隱隱作疼。皮破流血者禁用此方。

少林奪命丹

當歸、草烏（製）、乳香（製）、沒藥（過油炸）、血竭、自然銅（醋淬 7 次）各 4.5 克，研為細末。每次用 0.9 克，黃酒送下。

胸腹內傷治方

元胡 12 克、五靈脂 9 克、沒藥 9 克、草果仁 6 克、生蒲黃 9 克、沉香 3 克，水煎服。用於在技擊時被拳械擊傷所致的一切疼痛。

傷後暈倒方

蘇合香 0.6 克、薄荷冰 0.06 克，共研為細末，用黃酒沖服。

棍棒擊倒暈猝死方

鷹香 0.06 克、犀角粉 0.6 克，用黃酒灌服。

少林大力丸

蒺藜（鹽水泡、炒）、魚膠（蛤粉炒）、當歸（酒

炒）、生地（酒泡，蒸3遍）各500克，共研細末，煉蜜為丸，如梧桐籽大。每次服9克，加龍眼肉煎湯送下。

少林英雄丸

沙苑蒺藜250克、牛筋3寸、甜瓜籽60克、虎脛骨60克、龜板60克、白茯苓60克、當歸60克、續斷90克、杜仲90克、破故紙60克、自然銅15克、地鱉蟲10個、朱砂21克、地龍30克。共研細末，煉蜜為丸，每次服10克。前半月鹽湯送下，後半月黃酒送服。

傷肺吐血不止方

當歸18克、生赤芍15克、阿膠12克、白芨9克、紅花3克、桔梗8克、炒枳殼12克、三七3克、生地15克、黑荊芥12克、百草霜9克。紅糖為引，水煎服。

諸般內傷瘀血治方

桃仁9克、紅花9克、赤芍12克、甘草6克、枳殼6克、木香4.5克、劉寄奴9克、鬱金9克。水煎服，加童便1杯為引，甚效。

【功效】：活血祛瘀，理氣寬胸，除瘀生新，消積止痛。

少林活血丹

紅花30克、桃仁21克、乳香（醋制）15克、沒藥（醋製）15克、血竭15克、蘇木15克、兒茶30克、當歸尾20克、赤芍60克、元胡30克、麝香30克、梅片60

克、朱砂 30 克、白芷 30 克、製南星 2.1 克、生甘草 27 克、大頭三七 9 克。

將麝香、朱砂、冰片三味單研，其餘諸藥共碾碎，用細羅過篩後將前三味藥粉加入摻勻，加黃米粉 75 克打糊製丸，如豌豆大，晾乾裝瓶備用。成人每服 3～5 粒，黃酒送下，每日服兩次；小孩酌情減量。

在未製成丸前，也可取部分藥粉密藏備用，用生芝麻油調好敷於患處，立刻見效。

【功效】：用於治療拳、棍、錘、棒等一切武械損傷所致的紅腫、疼痛、金瘡出血、閃腰岔氣、血瘀作痛等症。

少林九虎丹

乳香（醋製）90 克、川芎 90 克、當歸 150 克、防風 90 克、生甘草 60 克、製南星 90 克、川芎 90 克、白芷 90 克。共碾成細粉，過羅，用黃米適量打湖為丸，如豌豆大，放陰涼通風處晾乾。成人每服 9 克，用黃酒沖服，每日服 2 次。忌服大蒜、羊肉，孕婦禁用。也可外敷，療效甚佳。

【功效】：用於治療跌打損傷、傷筋動骨、血瘀作疼、紅腫不散、閃腰岔氣、扭傷轉筋、四肢拘攣等症。

少林消毒飲

金銀花 15 克、連翹 15 克、蒲公英 30 克、紫花地丁 15 克、鮮蘆根 3 克、赤芍 9 克、白芷 9 克、天花粉 30 克、丹皮 9 克、龍葵 9 克、生地 30 克、生甘草 6 克、陳皮 6 克，加水 3000 毫升，煎至 1000 毫升。每日服兩次，每次用黃酒 30 克沖服，2 日漸癒。忌食大蒜、羊肉。

棍傷筋骨方

　　麝香 1.5 克、馬前子（油炸，去毛）120 克、紅花 150 克、桃仁 120 克、沒藥（醋製，去油）120 克、乳香（醋製，去油）120 克、地鱉蟲 60 克、麻黃 90 克、白芥子 60 克、當歸 90 克、川芎 90 克、自然銅（醋製）90 克、生甘草 60 克、血竭 30 克。先取麝香單研成極細粉，後將餘藥共碾成細粉全部混合拌勻，取蜂蜜 1300 克煉至黃泡沫下，過濾後摻入藥粉，搓丸，如彈子大（每丸重 4.5 克），用臘紙包製盒密封，放陰涼乾燥處。成人每服 1 丸，每日服兩次用黃酒送下。

　　【功效】：用於治療傷筋動骨，棍棒擊後所致的皮膚紅腫、疼痛。四肢疼痛不用。孕婦禁用。

少林寺秘傳內傷十四味方（按症加減）

　　川歸尾、川芎、大生地、續斷各 6 克、蘇木、乳香（去油）、沒藥（去油）、木通、烏藥、澤蘭各 3 克，桃仁（去皮尖）14 粒，甘草 3 克、廣木香 3 克、生薑 3 片。水煎服，服時加童便、老酒各 1 杯沖服。

　　瘀血凝胸：加砂仁 4.5 克、草叩 2 克。

　　氣攻心氣欲絕：加淡豆豉 3 克、黨參 1.5 克。

　　氣攻心：加丁香 3 克、木香 1 克。

　　氣喘：加杏仁、枳殼各 3 克，甘草 2 克。

　　狂言：加人參 3 克、赭石 1 克、辰砂 1.5 克。

　　失音：加木香、菖蒲各 3 克，桔梗 2 克。

　　氣塞：加川朴、龍膽草各 3 克，陳皮 1.5 克，甘草 2

克。

寒熱：加柴胡、黃芩、白芍、蒲荷、防風各 3 克，細辛 1.8 克，黃芪 2 克。

瘀血多：加血餘灰 6 克、大蘇 5 克。

發笑：加蒲黃 3 克、川蓮 6 克、鬱金 1.5 克。

腰傷：加破故紙、杜仲各 3 克，肉桂、小茴香各 2.4 克，木瓜 3 克。

大便不通：加荊芥、大黃、瞿麥各 3 克、吉仁（去皮尖）14 粒，澤瀉 2 克，雲苓 2 克。

大便黑血：加川連 3 克、側柏葉 6 克。

小便出血：加石榴皮 4.5 克、茄梗 6 克。

大小便不通：加大黃、杏仁、肉桂各 4.5 克。

小便失禁：加肉桂、丁香各 3 克。

大便失禁：加升麻、訶子、桔梗各 3 克，地榆 2 克。

腸冷疼：加元胡索、良薑各 3 克。

咳嗽：加阿膠 6 克、韭根汁 1 杯、甘草 3 克。

腸左邊一點疼：加草果、連翹、白芷各 6 克，杜仲 2 克。

腸右邊一點疼：加茴香、赤茯苓各 3 克，蔥白 3 個，杜仲 2 克。

咳嗽帶血：加蒲黃、茅花各 3 克，甘草 2 克。

嘔吐：加丁香、草果、南星、半夏各 3 克，縮砂 7 粒，木香 2 克。

舌短語不清：加人參、黃連、石膏各 3 克。

舌長寸許：加生僵蠶 3 克、伏龍肝 3 克、生鐵 100 克、赤小豆百粒，鬱金 2 克。

346

舌上生苔：加薄荷6克、生薑3克、甘草2克。

耳浮起：加豆豉3克、川芎2克。

呃塞：加柴胡、五加皮、木瓜、車前子各3克，草叩2克。

七竅出血：加木鱉子、紫荊皮各3克、槐花2克。童便一杯沖服。

腰痛不能轉側：加細茶泡濃3杯，陳老酒1杯沖服。

遍身痛難轉側：加巴戟、牛膝、桂枝、杜仲各3克，木瓜3克。

肛門傷：加檳榔、槐花、炒大黃各3克。

外腎傷液上小腹：加麝香0.6克、樟腦0.9克、苣勝子9克。三味研細末，以鮮蒿苣葉搗爛為膏和藥貼臍上。

左右胯傷：加蛇床子、牛膝2克，槐花3克。

小肚傷：加小茴香、急性子各3克，良薑2克。

腰脅引痛：加急性子6克、羌活1克。

肚傷：加大腹皮3克、杜仲2克。

胸傷：加柴胡、枳殼各3克，韭汁一杯。

手傷：加桂枝、禹餘糧各3克，薑汁3匙。

乳傷：加百合、貝母、漏蘆各3克，玄參2克。

齒傷：加谷精草3克、甘草2克。

唇傷：加升麻、秦艽、牛膝各3克，桔梗2克。

兩頰傷：加獨活、細辛各2.5克。

眼傷：加草決明4.5克、蔓荊子1克、甘草1克。

頭痛如裂：加肉蓯蓉、白芷梢各3克，川芎1克。

血氣攻心瘀血不散：用烏雞腳1對，煎湯加陳老酒、黑豆汁各半，沖藥內服。

諸骨節損傷：加茯神心木 6 克、蘇木 3 克。

兩足根傷：加茴香、紫散皮、蘇木各 3 克，牛膝 2 克。

兩足腿傷：加牛膝、木瓜、石斛、五加皮、蘇梗、雞血藤各 3 克。

腫痛：加人參、附子各 3 克。

當瘀血積聚不散、腫痛、服藥無效時，取天應穴用銀刺破出血痔。

腫疼發熱飲食不思：加人參、黃芪、白朮、柴胡、蒼朮各 3 克。

寅卯二時發熱作痛：加陳皮 1.5 克、黃芪 3 克、白朮 3 克、黃連 2.5 克、黃芩 2 克。

漫腫不甚作痛：加赤藥、熟地、杜仲、蒼朮、黃柏各 6 克。

青腫潮寒虛熱不止：加山楂、山藥、川朴、白朮各 3 克，砂仁 7 粒，黃芩 2 克。

少林如淨師太遺留藥方（10 方）

用於傷後破爛流水經久不癒者。

1 方：用生黃豆一把，放水內泡開，搗爛成膏，搽於傷口流水之處，用布包好。5 日以後爛肉脫落，新肉長出，再用做豆腐的豆漿多洗幾次，自癒。此方經如淨師太用數百次，效果如神。

2 方：用生蓖麻葉，鮮者更好，貼在患處。每天勤換兩次，數日後自癒。

3 方：用牡蠣 1 個，放水中燒紅，再放醋浸去火毒，研細末搽於傷口上。每日兩次，數日後即痊癒。

　　4方：用海蛤殼數個，放火中燒紅，再放醋內浸泡一夜，去火毒後研成細末，搽於傷處。每天搽兩次，數日自痊癒。

　　5方：用癩蛤蟆1個，口內裝上硫磺末5克，用線把嘴紮緊，再用黃泥包好，放爐火中燒紅，取出用碗扣住，待冷透後剝開黃泥取出蛤蟆灰，研成細末，用蓖麻油調搽患處（用淨鴉翎搽抹更有效）。

　　6方：用桐油煎水豆腐片，勤貼患處，一天兩次換貼，數日後自然流盡毒水，痊癒。

　　7方：用蠶豆角皮燒灰，再用香油調搽於患處。每天搽抹兩、三次，數日後自痊癒。

　　8方：用蓖麻籽數十粒，搗爛成泥，搽抹包紮於患處，每天更換一次，數日後毒水流盡自癒。

　　9方：用生豬皮貼於患處，每天更換一次，數日後自癒。

　　10方：杏仁數十粒，燒灰研細末，用香油合勻搽於患處。一日搽兩次，數日後自癒。

　　少林如淨師太曰：

　　　　百姓黎民貧苦寒，無有金銀治傷殘。

　　　　今用土方醫難病，變化貧困濟良善。

　　　　小小草方隨意取，能治大病勝靈丹。

少林武僧貞方大師秘傳醫方（10方）

專治傷筋動骨腫疼不消者。

　　1方（治骨裂硬傷，腫痛不止）：用雞五尖（即雞嘴、雞兩翅膀尖，雞兩爪子）加生枝子30克、生乳香30克、發

麵的引子 30 克，共在一處搗爛，用醋少量，以調合乾濕為度，搗細如泥，搽於患處，用布紮緊，自然止疼消腫，接骨續筋。數日後再換一劑，半月後可慢慢痊癒。

2 方（**拳打頭面腫疼者**）：乳香 18 克、豬肉 200 克、金針菜 20 克，搗爛搽於患處包好，立效。

3 方（**木器打傷頭部**）：川芎 9 克、紅花 15 克、當歸 30 克、自然銅 6 克、牛夕 14 克、雞血藤 20 克、蘇木 9 克、大黃 6 克、白芷 10 克，水煎服。

4 方（**止血散**）：用石膏 500 克研碎，加生大黃 60 克，放在一起炒成粉紅色為度。去大黃，只用石膏研細末，搽於傷處，立可止血。

5 方（**摔打損傷治法**）：當歸、川芎、紅花、桃仁各 9 克，三七、赤芍各 3 克，生地、甘草各 6 克，木香 2 克，水煎服（沖三七粉 3 克，更有效）。

6 方（**重傷後頭昏治法**）：附子 10 克、人參 30 克、天竹黃 2 克、南星 2 克，水煎服。

7 方（**吐血方**）：白芍 20 克、三七 1 克、血餘炭 10 克、枝子炭 18 克、通草炭 5 克、川軍炭 6 克、紅花 3 克、蘆花 5 克、大薊 10 克，共研細末，每次服 10 克。白水沖服，立效。

8 方（**傷後喘急方**）：棉花根皮 30 克、麻黃 3 克、甘草 10 克、江蠶 1 克，水煎服，立效。

9 方（**傷後咳喘方**）：用白礬（炒）、江蠶（炒）各 3 克，研細末，每次服 2 克，白開水沖服立效。

10 方（**傷後小便糖尿**）：仙人掌 30 克，生吃（也可把皮刮去）或沾鹽吃，每天 1 次，10 天即可痊癒。

貞方大師曰：

　　小小土方不值錢，治病救人易方便。

　　若還弟子證此法，醫治百姓濟孝賢。

附錄二　少林寺曹洞正宗班輩譜

　　嵩山少林寺由元代福裕禪師將五派統一為曹洞正宗七十字班派，流傳至今。

　　福慧智子覺，了本圓可悟。

　　周洪普廣宗，道慶同玄祖。

　　清靜真如海，湛寂淳貞素。

　　德行永延恆，妙體常堅固。

　　心朗照幽深，性命鑒崇祚。

　　忠正善禧祥，謹戀願濟度。

　　雪庭為導師，引汝歸銘路。

國家圖書館出版品預行編目資料

少林正宗七十二藝／德虔　素法　勤炎　勤龍　編著
——初版，——臺北市，大展，2003〔民92〕
面；21公分，——（少林功夫；9）
ISBN　957-468-263-3（平裝）

1.武術—中國
528.97　　　　　　　　　　　　　　　92017999

少林正宗七十二藝　　　ISBN 957-468-263-3

編 著 者／德虔　素法　勤炎　勤龍
責任編輯／董英雙
發 行 人／蔡森明
出 版 者／大展出版社有限公司
社　　址／台北市北投區（石牌）致遠一路2段12巷1號
電　　話／（02）28236031・28236033・28233123
傳　　眞／（02）28272069
郵政劃撥／01669551
網　　址／www.dah-jaan.com.tw
E - mail／dah_jaan@pchome.com.tw
登 記 證／局版臺業字第2171號
承 印 者／國順文具印刷行
裝　　訂／協億印製廠股份有限公司
排 版 者／弘益電腦排版有限公司
初版1刷／2004年（民93年）1月

定價／280元

大展好書　好書大展
品嘗好書　冠群可期